低山歩きの魅力発見

中四国 100低山

文・写真
清水正弘
［日本山岳ガイド協会
認定ガイド・鍼灸師］

南々社

［右上］花と戯れる蝶
（三瓶山山麓・島根県）
［右下］シリブカガシの落ちドングリ
（二葉山・広島県）

低山歩きの魅力

低山の持つ奥深さを感じてもらいたい

まずは「低（てい）」という漢字から紐解いていきたい。この漢字には（低成長）とか（低迷）といったマイナスのイメージがどうしても付きまとうのであるが、まったく我流の勝手な解釈で『低』という漢字を３つに分解し研磨すると新たな光沢が輝きはじめる。３つとは、（イ＝ヒト）（氏＝ウジ）（一＝下線）であり、「氏という血縁の共同体を下から支える人」として新たな意味を私は付与している。そしてこの本で取り上げる「低山」とは、ただ単に標高が低いことではなく、歴史的には無名であるが地域の風土を下支えした在地の民との深い関係性が構築され、人々の伝統知や在来知が面影として刻み込まれた里山のことを意味している。

『日本百名山』の著者・深田久弥氏による各山への著述部分の大半は、「山の品格」「山の歴史」「山の個性」についての記述が占めており、細かい行程案内などは書かれていない。登山ルートは時代が経るたびに絶えず変化していくが、里

雲月山・整備された尾根筋道を歩く（広島県北広島町・島根県浜田市）［写真提供：清水友基］

人との歳月を重ねた関係性が編み込まれた歴史的背景や品性、個性といった、「山の風格」は不動であるという考えに基づいているからであろう。

本書でも、標高１０００ｍ以下の低山であっても「山の風格」を備えた里山・里地を選んでいる。中には標高１０００ｍを超える山もあるが、登山初心者でも無理なく歩ける標高差のルート行程である。またあえて細かい行程案内の記述は避け、各山・各地の風土性に溢れる史実や伝承に基づく里人との関係性など、独自性に基づく不動の物語に力点を置いている。この本が活用される年月が少しでも永らえることへの願いからである。

低山・低地歩きの魅力とは、「何かをひたすら目指す」とか、「何かと競う、比べる」といった日常的ストレスからの解放と同時に、風土性物語という磁場力をもつ土地に抱かれることにあるのではないだろうか。

低地を歩く フットパスの効能とは

伝統的集落内の道
（スコットランド南部）

畑の中の道
（スコットランド南部）

フットパスとは、イギリスを発祥とする「低地を歩く文化」を総称する行動様式である。イギリスには全長20数万キロにも及ぶフットパスコースが、文字通り国土を縦横するように設定されている。20数万キロといえば、地球の赤道周囲（4万キロ）の約5倍にも相当する。この膨大な長さを有するフットパスとは、どのような歴史的背景を持っているのだろうか。

18世紀後半に勃興した産業革命以降、イギリス各地では、新たに台頭してきた産業資本家や貴族らによって、コモンズ（地域の共有地）であった土地の買い占め（エンクロージャー）が頻発した。一方で、農村部の住民は工場での単純作業を担う労働者として都市部への移動も余儀なくされていく。その結果、地域共同体が崩壊していくとともに、コモンズの空間（土地や森など）で行われてきた地域共同体を母体とする習俗文化も廃れていった。

19世紀に入ると、この状況に危機感を抱いた人々によって、コモンズだった土地への通行禁止の撤回を求める運動が各地で展開された。この運動に伴う諸裁判の結果、かつて地域住民が

地方の田舎町を歩く（イングランド北西部）

フットパス標識（イングランド北西部）

湖水地方の道
（イングランド北西部）

通行していたことが証明された土地の道は、パブリック・フットパスとして認められた。土地の所有権は資本側に譲ったものの、「道を歩く権利」は奪還したことになる。

日本においても、明治時代の近代化を進める政府によって、地方共同体が管理していた入会山や共有林などが国有林化されていくことに対し、裁判によって所有権を共同体に戻したとされる事例がある。さらにイギリスでは、産業革命による急速な近代化は、地域のコミュニティの崩壊を招いただけでなく、共同体が所有・管理していたコモンズ（共有財）としての自然環境にも打撃を与えたのである。

このような状況に対するアゲインストのムーブメントによって、「フットパス」という概念が発生したのである。フットパスとは、カントリーサイドやアーバンサイドを歩くことで、保養や健康増進の効果を得るだけでなく、民俗学的な風土や環境の再発見と同時に、人間と自然との共生関係の見直しにもつながるのであろう。まさに、歩きながら行う、心身の健康増進を兼ねたＳＤＧｓ的な行為ではないだろうか。

中四国100低山 Contents

島根県8コース［低山6・低地2］

山口県7コース［低山4・低地3］

香川県6コース［低山5・低地1］

高知県5コース［低山1・低地4］

佐賀県1コース［低山1］

低山は聖と俗が交わるパワースポット

column

中四国100低山 エリアマップ

53
赤ハゲ山
66 船上山
67 三徳山・投入堂（三佛寺奥院）
46 月山
4 菅谷たたらの里フットパス
65 三平山
鳥取県
京都府
47 玉峰山
48 船通山
兵庫県
34 比婆山
35 道後山
岡山県
京都トレイルフットパス 88
33 釜峰山
書写山 91
92 広嶺山
36 帝釈峡フットパス
37 葦嶽山
62 備中松山城（臥牛山山麓）
32 星居山
63 鬼城山
90 摩耶山
大阪府
広島県
尾道七佛めぐりフットパス
鉢ケ峰
男木島・女木島フットパス
89 天保山＋岸辺のフットパス
立石山（白石島）64
王子が岳 61
黒滝山・白滝山 25
75 星ヶ城山
白滝山
28
29
77
31
27
30
76 屋島（南嶺）
仙酔島・大弥山
79 飯野山（讃岐富士）
大平山
26
69
70
78
積善山
80 我拝師山
香川県
鷲ケ頭山
紫雲出山
68
神峰山
87 眉山
芸予小島フットパス
86 高越山
1 弁天山
73 塩塚峰
愛媛県
徳島県
71 瓶ヶ森
高知県
72 皿ヶ嶺
84 仁淀川源流域フットパス
81 横倉山
83 四国カルストフットパス
82 坂本龍馬脱藩の道フットパス
85 唐人駄馬巨石群フットパス

13 牛頭山
42 市間山
40 天上山
44
12 福王寺山
43
太田川上流域フットパス
10 権現山
6 木ノ宗山
11 武田山
5 松笠山
8 宗箇山
3 二葉山
14 蓮華寺山
極楽寺山 18
鈴ケ峰 9
広島市
19 日浦山
15
岩滝山
広島市周辺拡大図
49
孫三瓶山
島根県
邑南町(古代から近代)の
風土史フットパス
50
51
39 雲月山
恐羅漢山麓
フットパス
深入山
41
38 龍頭山
45
拡大図参照
津和野城跡
(霊亀山山麓)
52
笠山 57
角島フットパス 59
安芸小富士
7
宮島弥山
17
行者山
16
24
23
20
21
砲台山
古鷹山
2
茶臼山＋海辺の道
フットパス
天狗岩
22
倉橋火山
弘法寺山
58 萩往還
フットパス
龍護峰 60
山口県
右田ヶ岳 56
55
石城山
54
祝島フットパス
宗像大島
フットパス 99
福岡県
93
貫山
蒙古山
95
立石山
96
94 立花山
98 宝満山
97 天拝山
土器山 100
佐賀県
滑床渓谷
フットパス 74

本書の使い方

低山：標高が低く（一般的に1000m未満）、気軽に登れる山で、自然や地域文化との触れ合いが魅力的な山のこと

低地：標高が低く平坦な地形が多い地域で、散策やフットパスを楽しめる自然や文化が息づく場所のこと

[コースデータ]

徒歩総時間：歩き始めポイント（登山口など）から終了ポイント（下山口など）まで、ゆったりペースでの徒歩時間を表記

楽しめる期間：降雪など自然環境変化の影響により、初心者には難度が高くなる季節などを除外した期間

おすすめの季節：季節的・祭事的にも訪れるタイミングがベストな時期

歩行距離：徒歩区間の総距離をキロ単位で表記

標高：低山の場合には、国土地理院の地図（25000分の1）上での標高数字を小数点以下は除外して表記

行程概要：フットパスなど低地歩きの場合には、行程中での大まかな標高差を表記

[魅力満喫度]

歴史文化堪能度：訪れる場所で歴史や伝統文化を深く感じ、学び、楽しむことができる度合い
展望快適度：山や丘などからの眺望の美しさや広がり、快適に景色を楽しめる度合い
森林浴度：森の中で緑や香り、静けさを感じながら心身を癒すことができる度合い
自然観察度：動植物や景観を観察し、自然の美しさや生態を理解・楽しむことができる度合い
マイナスイオン度：自然環境や滝、森林などでリラックスや健康効果が期待される度合い
体力度：登山やウォーキングなどの活動で、体力や筋力をどれだけ使うかを示す度合い
＊体力度は数字が大きいほど、体への負担が大きい

※本書では、100の低山・低地のうち、標高1000mを超える山は10あるが、実質的な標高差はほとんどが500m未満であり、低山と同様に気軽に楽しめるため、低山として掲載している。標高1000m以下の山は70、低地（フットパス）は20である。一部には、山頂までは到達せず、山麓の見どころを目的地とするコースも含んでいる。歩く時間は、単に目的地を目指すだけでなく、心身を解放し、休息を楽しむ「ゆったり時間」としている。また、車でアプローチする場合は、往路と復路をできるだけ同じ道とし、初心者でも安心して歩けるルートを設定している。
※本書のデータは2025年1月時点のものです。
※各コースのルートMAPは国土地理院（電子国土web）をもとに作成しています。

特別企画

低さを誇る低山・物語の残る山里への低地歩き（フットパス）

弁天山
［徳島県］

茶臼山＋海辺の道フットパス
［広島県］

二葉山
［広島県］

菅谷たたらの里フットパス
［島根県］

正面からの弁天山 [© 徳島市]

山の一周道

自然に形成された山での日本一低い山

弁《べん》天《てん》山《やま》

低 山

❶ 徳島市方上町（かたのかみちょう）

遭難者ゼロの登山安全祈願の山

国土地理院では「日本一低い山」の認定基準などは明確に策定してはいない。ただし、この弁天山は自然が形成した山の中では一番標高が低いとされており、地元の弁天山保存会は標高(6・1m)にちなんで毎年6月1日に山開きの催しを行っている。また当然ながら、これまでに遭難者が出たことがないため、全国から登山の安全祈願に訪れる人が絶えない。

中世以前、この一帯は海であり、この山も海中の小島であったという。室町時代に海水が引き、小島が小山になったと推測されている。それは山名の歴史的背景とも関係している。山名は、海の守り神である市杵《いちき》島姫命《しまひめのみこと》を祭神として、厳島神社(弁財天)を当地に勧請したことに由来すると伝えられている。山の北側の道は江戸時代には土佐街道の一部であった。一周するのに90歩・90秒で回れるこの小さな山にも壮大な物語が隠されている。

立ち寄りスポット

山頂部にある登頂証明書

手すり付きの階段を上り、歩いて30歩程度で到達する山頂部には、開運弁財天が祀られる小さな社がある。その手前にあるガラス箱内には、登山安全をはじめとする各種のお守りや登頂証明書(一部100円)があり、お賽銭箱に料金を入れることで入手可能である。

山頂にあるお守り・登頂証明書などが入ったボックス

江戸時代には土佐街道であった道

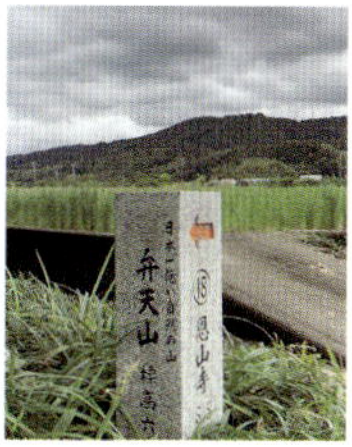

石標識

魅力満喫度

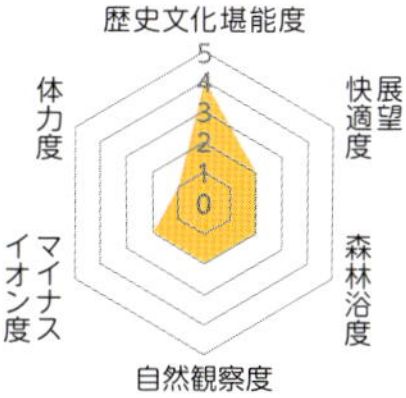

コースデータ

徒歩総時間
30秒
楽しめる期間
通年
おすすめの季節
6月1日の山開き日
歩行距離
約30歩
標高
6.1m

アクセス JR牟岐線地蔵橋駅から徒歩約10分

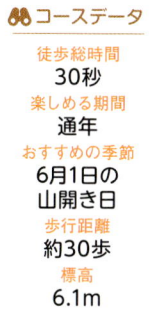

山頂からの眺め。海水面がすぐそこに見える

広島県で一番低い山と魅惑の海辺道

茶《ちゃ》臼《うす》山《やま》＋
海辺の道フットパス

低山&低地

❷ 広島県江田島市大柿町

干潮時にだけアプローチ可能な海辺の山

茶臼の形に似ているところから「茶臼山」や「茶臼岳」と呼ばれる山は、国内でも数多く存在する。この山はその中で最も標高が低い。ちなみに全国の茶臼山での最高峰は、中央アルプスにあり塩尻市の最高峰・2658mの山である。その標高差は2647m。同じ茶臼の形でも、大きさにはこれほどの違いがある。

この茶臼山は干潮時にしか渡れない小さな島であるが、国土地理院の地図には山として記載されている。これは、海中に堆積した砂が砂州を形成し、陸繋《りくけい》島《とう》に至る陸繋砂州、いわゆるトンボロ現象によって干潮時にだけ陸地と繋がるからである。山肌は風や波による花崗岩の浸食により、小さいながらも奇怪な造形美を見せている。この山は干潮時に登るだけでなく、そのアプローチの海辺の道フットパスも楽しみたい。近年改定された地図には、同じ標高の山（生口島にある城山）が記載されている。

立ち寄りスポット

群青の道・江田島ネイビーロード（江田島市能美町中町1265）

江田島には、茶臼山と同じく干潮時にだけ渡れる2つの小さな島がある。ここは、もともと1つの島であったが、戦時中に空襲を受け2つに分かれたという悲しい歴史がある。1つの島には「船霊社」があり、朱色の鳥居が特徴的である。潮が引くと、穏やかな波間から1本の砂の道（群青の道）が姿を現す。

最終アプローチ

まさにエンジェルロード

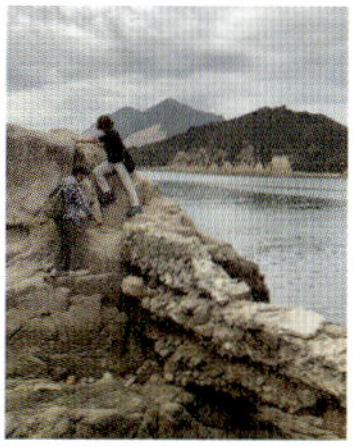
岩場を登る

ルート

魅力満喫度

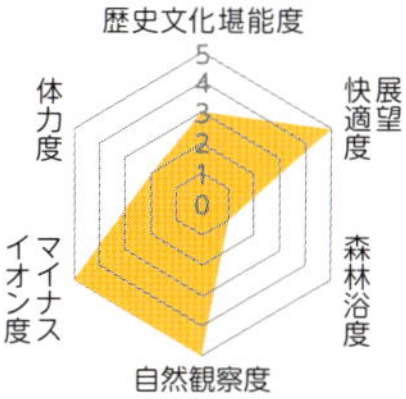

コースデータ

徒歩総時間
1時間

楽しめる期間
通年

おすすめの季節
登山は干潮時・冬の陽だまり時期

歩行距離
約2キロ

標高
11m

アクセス 最寄りの新開地区駐車スペースまで車で移動

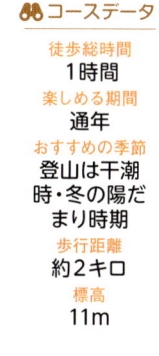

尾長山山麓からのパゴダ

広島東照宮・唐門

都市に隣接する憩いと癒しの里山

二《ふた》葉《ば》山《やま》

低　山

❸ 広島市東区

稀有な森林環境を保持する都市隣接の山

　シリブカガシ原生林が残された背景とともに、この山の稀有な森林環境が保持された事由がある。それは、二葉山が広島城の北東の鬼門にあたるため、この山麓に多くの神社・仏閣がつくられ、その社寺林として山域の森が大切に守られてきたことによる。その社寺の最大クラスが、江戸幕府初代将軍「徳川家康公」を御祭神とし、1648年に創建された広島東照宮である。「唐門」などの歴史的建造物は広島市指定重要有形文化財に指定されている。

　広島東照宮の境内社・金光稲荷神社の鎮守の森の中に、朱塗りの鳥居が120数基連続して配列されており、その鳥居群の下を山頂の奥宮へと続く参詣道が延びている。さらに、山頂付近には二葉山平和塔と呼ばれる仏舎利塔（パゴダ）がある。この塔には、インドのネルー首相やスリランカなどから寄贈された仏舎利が奉安されている。

立ち寄りスポット

日本最大のシリブカガシの原生林

シリブカガシ（尻深樫）は、ブナ科のマテバシイ属の常緑高木である。二葉山山麓には、日本最大のシリブカガシ原生林が残されているが、意外にもあまり知られていない。この背景には、この樹がお茶をたてる際の炭の素材に最適であるため、広島藩主らが保護してきた歴史がある。近年、開発による植生への影響が危惧されている。

広島駅新幹線口側から見た二葉山

鳥居が連続する登山道

日の出前の広島駅周辺

ルート

魅力満喫度

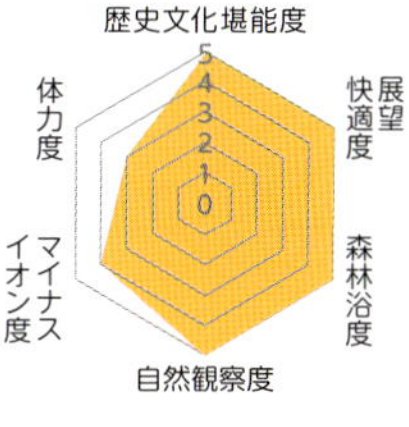

コースデータ

徒歩総時間
1～2時間
楽しめる期間
通年
おすすめの季節
シリブカガシの花咲く9月・陽だまりの冬
歩行距離
約2キロ
標高
131m

アクセス 歩き始め地点の広島東照宮までは、JR 広島駅から徒歩約 15 分

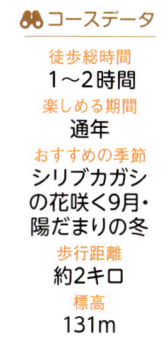

菅谷たたら高殿内部から

江戸時代にタイムトリップできる道

菅《すが》谷《や》たたらの里《さと》フットパス

低地

❹ 島根県雲南市吉田町

菅谷山内とたたら製鉄の歴史

山内《さんない》とは、日本古来の製鉄法・たたら製鉄に従事していた人達が生活していた地域の総称である。菅谷山内は、吉田町に本拠を持つ、たたらの総元締めである田部家の所有領地内にある。たたら製鉄の炉心があった高殿《たかどの》をはじめ、元小屋、長屋などが補修・残存されており、日本で唯一、操業当時の面影を色濃く伝えている。芸術家の岡本太郎もこの地を訪れ、その幻想さに思わず感嘆の声を洩らしたといわれている。

また、映画「もののけ姫」に登場した「たたら場」のモデルともいわれている場所である。

18世紀半ばから大正10年（1921）まで、この高殿でたたら操業が行われており、昭和42年（1967）には国の重要有形民俗文化財に指定されている。たたらの神様「金屋子神《かなやごのかみ》」は、高殿の隣にある桂の巨木に降り立ったとされている。4月上旬には、このご神木がまるで炉心の炎のように真っ赤に染まる。

立ち寄りスポット

田部家土蔵群
（菅谷集落から車で約10分・雲南市吉田町内）

島根藩のたたら御三家（絲原家・可部家・田部家）の中でも最大勢力を誇っていた田部家は、吉田町を企業城下町として築き上げていた。現在でも町の中心に整然と立ち並ぶ20棟の土蔵群は、当時の繁栄ぶりを物語っており、たたら製鉄での富の蓄積ぶりが伺える。

たたら御三家の１つ田部家の蔵

清流沿いの道を歩く（菅谷たたら集落）

菅谷たたら集落

ルート

魅力満喫度

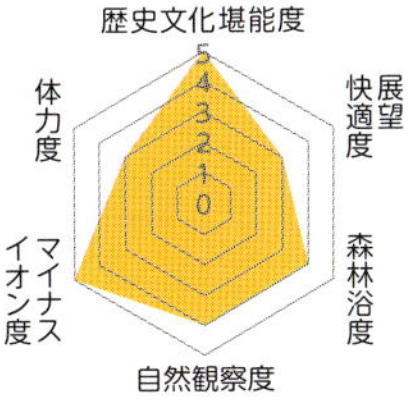

コースデータ

徒歩総時間
1〜2時間

楽しめる期間
降雪時を除く通年

おすすめの季節
4月上旬・ご神木（桂の木）が真っ赤に染まる時期

歩行距離
約４キロ

行程概要
標高差は約50m以内の沢筋沿い道

アクセス　歩き始めの県道38号線沿いにある竜宮橋まで車で移動

column

低山は聖と俗が交わるパワースポット 1

非日常的な空間を感じる

日本三大霊場の山(恐山・比叡山・高野山)

日本三大霊山といえば、富士山（3776m）、立山（3015m）、白山（2702m）であり、どれも標高が高く、遠くから崇め祀る対象としての存在である。
それに対して、日本三大霊場とは、青森県の恐山（879m）、滋賀県の比叡山（848m）、和歌山県の高野山（800m）である。３山とも標高800m台と高山ではないが、非日常的な時空間が広がる山域である。

霊場の山を訪れると、その静寂さと深遠さに全身が包まれ、身体の隅々にある細胞までもが浄化されていく気分に浸れる。

［恐山《おそれざん》］ 慈覚大師・円仁によって開山され、中世から近世にかけて、蝦夷地から畿内に至る広範囲から多くの参詣者が訪れた。また、「イタコ」と呼ばれる巫女が、死者の霊を憑依させた語り（口寄せ）を行うことでも知られている。

［比叡山《ひえいざん》］ 天智天皇が大津遷都の際、奈良の三輪山の大物主神を迎えて大比叡神とした。その後、伝教大師・最澄が延暦寺を開創した際、大比叡神や地主神を寺の鎮守神として祀った。千日回峰行の修行でも知られている。

［高野山《こうやさん》］ 弘法大師・空海が在地の山神である丹生《にう》明神から高野山を譲り受け、伽《が》藍《らん》を建立したのが開基である。山麓一帯は宗教都市として栄えてきた。奥の院は霊域とされており、空海が永遠の瞑想を続けていると信じられている。

恐山（青森県）

比叡山からの琵琶湖の朝焼け（滋賀県）

高野山・奥の院へ（和歌山県）

富士山（山梨・静岡県）

立山（富山県）

白山山麓修験場（福井県）

中国地方の低山・低地 63コース

陰陽（山陰と山陽）を結ぶ
エリアを歩く

広島県 41コース［低山36・低地5］

島根県 8コース［低山6・低地2］

山口県 7コース［低山4・低地3］

岡山県 5コース［低山5］

鳥取県 2コース［低山2］

低山

松笠山《まつかさやま》

巨樹の森と弘法大師の水伝説

❺ 広島市東区
戸坂町

コースデータ

徒歩総時間
2～3時間

楽しめる期間
通年

おすすめの季節
新緑の5～6月・
紅葉の11月

歩行距離
約4キロ

標高
374m

魅力満喫度

木漏れ日の尾根筋道

登山道脇の巨岩

登山口である戸坂駅

滝の修行場

松笠観音寺入り口

立ち寄りスポット

松笠観音寺

登山道途上にある古刹である。天文年間（1532 ～ 55）の戦国時代に、安芸国の守護職として君臨した銀山城主・武田氏の家臣であった、戸《へ》坂《さか》入道《にゅうどう》道海《どうかい》によって開基されたといわれている。境内には弘法大師·空海が修行の場として選び、自ら掘ったといわれる伝説の井戸がある。この井戸は、今もなお霊水が湧いており、参拝者や登山者の心と喉を潤している。

八畳岩からの広島市内方面

巨樹の森と巨大岩の展望台

安芸の国での修験地・大峰山と見立てられていた山麓には、数多くの修行に関係する場所が点在している。山麓一帯は古くから一大霊域として、近在の住人からの厚い信仰を受けて隆盛を極めていたといわれている。その代表格に龍泉寺観音堂がある。龍泉寺観音堂は、神仏習合時代には隣接する琴比羅神社の神宮寺(別当寺)であった。古来、琴比羅神社を奥の院、龍泉寺観音堂を下観音と呼んでいた歴史がある。琴比羅神社の由緒によると、別名「瀧の宮」と称していたとのことである。境内奥にある大岩から流れ出す滝は、修行の場であったと伝えられている。昭和初期頃は、神殿、拝殿その他の建造物があり、多くの参詣者が訪れていたと聞く。

また、松笠観音寺の境内にある、ヒノキやアベマキ、スギなどの樹齢200年を超える巨木群は、広島市の天然記念物に指定されている。そして八畳岩展望台からは、武田氏の居城・銀《かな》山《やま》城のある武田山を見ることができる。

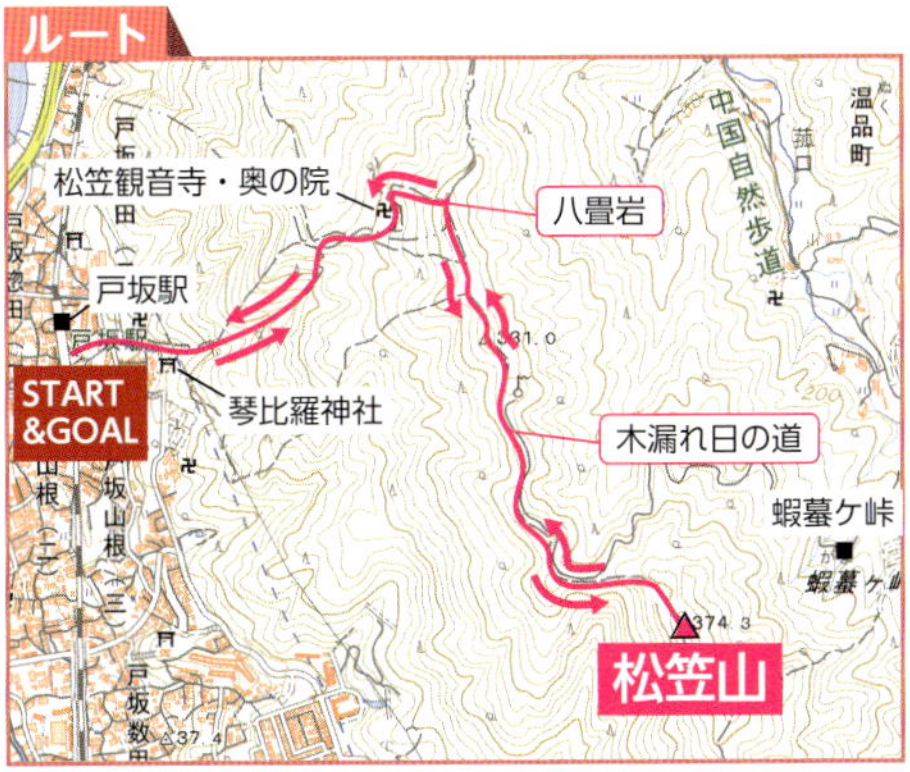

アクセス JR 芸備線戸坂駅から歩き始める

低山

木《き》ノ《の》宗《むね》山《やま》

古代ロマンが漂う里山歩き

❻ 広島市東区・広島市安佐北区

コースデータ

徒歩総時間
4～5時間

楽しめる期間
通年

おすすめの季節
紅葉の秋・陽だまりの冬

歩行距離
約4キロ

標高
413m

魅力満喫度

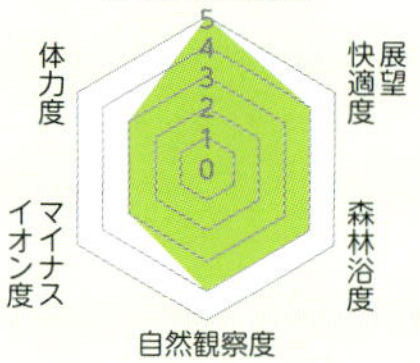

分岐標識

秋は落ち葉でフカフカ

山頂からの眺め

森の中の登山道

木漏れ日の尾根道

立ち寄りスポット

木の宗山銅鐸銅剣（どうたくどうけん）出土地

山頂から三田峠方面へ約 30 分下っていくと、銅鐸銅剣出土地のある烏帽子岩への分岐標識がある。この分岐からは細い道となり、15 分程度で出土地に到着する。急な斜面の下り道なので慎重に進みたい。広島市東区福田の家並みを見下ろす展望のいい場所に巨大な烏帽子岩がある。烏帽子岩に隣接する場所に、木の宗山銅鐸・銅剣出土地の案内看板などがある。

銅鐸・銅剣出土地

古代ロマンが濃厚に漂う山域

「木」という名前がつく山は国内に多く存在する。しかし、木ノ宗山と命名されているのは、この山だけである。戦国時代に、吉川興経が築城したという説（諸説あるが）の木ノ宗山城があったことに、山名は由来するといわれている。この山は明治24年に全国的に注目を浴びるのである。それは、山の中腹にある烏帽子岩の下あたりから、銅《どう》鐸《たく》、銅剣《どうけん》、銅戈《どうか》が一括出土したからである。それも、地元民である福田の光町尽三郎氏が夢のお告げによって発見したと伝えられている。それまでの定説では、銅鐸は近畿地方、銅剣・銅戈は九州地方からとされていたのである。出土当時は、この山域が近畿圏と九州圏との重要な交流場所と比定された。

現在では他地域（島根県の荒神谷遺跡など）において、当地の出土数を大きく上回る一括出土事例が出現し、注目度は減少している。それでも、古代ロマンの香りが濃厚に漂う山域なのである。

ルート

アクセス　JR 芸備線上深川駅から徒歩 20 分で登山口

低山

安《あ》芸《きの》小《こ》富《ふ》士《じ》

バームクーヘン発祥の島を歩く

❼ 広島市南区
似島町

コースデータ

徒歩総時間
2～3時間

楽しめる期間
通年

おすすめの季節
ツツジ咲く5月

歩行距離
約3キロ

標高
277m

魅力満喫度

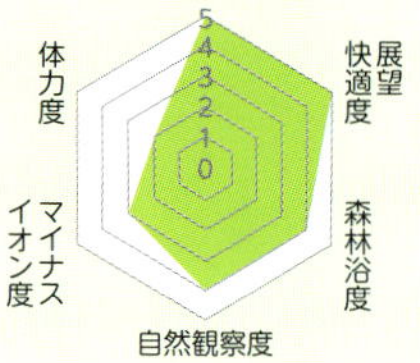

山頂から東側の展望

山頂近くから南方面展望

旧日本軍石碑

登山道標識

似島の穏やかな浜辺

立ち寄りスポット

ユーハイム似島歓迎交流センター

似島は日本におけるバームクーヘンの発祥地とされている。第一次世界大戦時のドイツ人捕虜・カール・ユーハイムは、日本に連行され似島の収容所に収容されたという。ケーキ職人であったユーハイムは、バームクーヘンを焼き、広島県物産陳列館（現在の原爆ドーム）での捕虜製作品展示会に出品し好評を博した。彼は捕虜から開放された後も日本に残り、横浜でバームクーヘンの店を開いている。

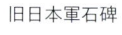

宇品港からの似島

ミニチュアサイズの富士山を満喫

江戸時代には、荷継ぎの港として栄えていたので、「荷の島」とも呼ばれていたこの島は、やがて富士山に似ていることから「似の島」という名称が定着したともいわれている。確かに、アプローチで利用する広島港からは、ミニチュアサイズの富士山（安芸小富士）が真南方角に鎮座している。

登山を含めレジャーなどで、この島を訪れる際には、1945年8月の原爆投下後に1万人前後の被災者が運ばれていたことなども事前に知っておきたいものである。島内にある似島歴史資料館には、当時の状況を記録した写真や発掘された遺品などが展示されている。

一方で、山頂からの眺めは、多くの人が心安らかとなる展望が広がっている。北方角には広島市街地からその背後に迫る山々が展開する。

さらに東方角では旧・軍港であった呉の山並み、南・西方角では広島湾の多島美世界を満喫できる。

ルート

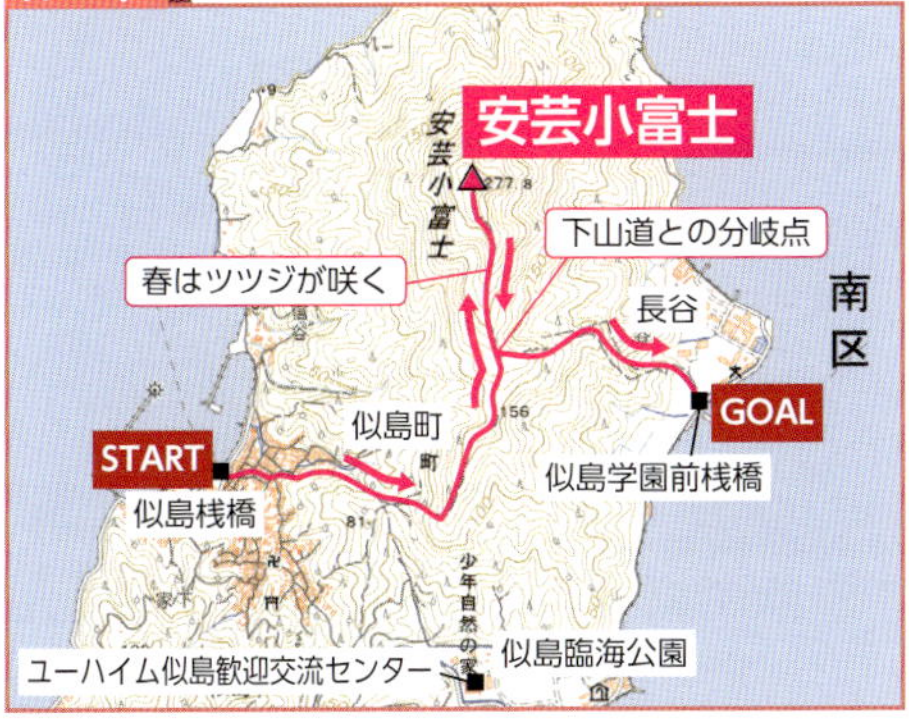

アクセス 広島港からフェリーで似島へ。往路は広島港から似島桟橋、復路は似島学園桟橋から広島港へ

低山

宗《そう》箇《こ》山《やま》

都市近郊にて深山幽谷を体感

登山道にある巨岩

山頂にある４代目宗箇松と筆者

５月はツツジの盛り

幽玄な異空間（三瀧寺奥にある竹林）

山頂からの眺め

立ち寄りスポット

山頂の宗箇松

現在、４代目となる宗箇松がある山頂からの展望は素晴らしく、その壮大なパノラマを見ていると、思わず時の経つのを忘れそうになるほどである。眼下の風景は、幾筋にも分枝する太田川の煌めく川面からはじまり、微かに喧噪音の聞こえる広島市内の街並み、さらには宮島など広島湾に浮かぶ多島美世界までのワイドビューが圧巻のスケールで展開している。

8 広島市西区

コースデータ

徒歩総時間
3〜4時間

楽しめる期間
通年

おすすめの季節
新緑5月・紅葉11月

歩行距離
約3キロ

標高
354m

魅力満喫度

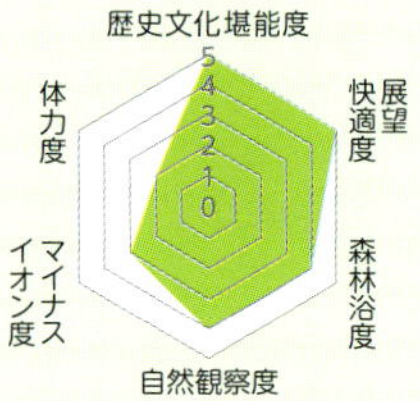

宗箇山遠景

上田《うえだ》宗箇《そうこ》流茶室の借景

この山は、複数の名前（植松山・三滝山）を持っている。それだけ多彩な表景や佇まいを有する、懐の深い里山だといえよう。広島市街地を西方から包み込むかのように、穏やかでやさし気な母性を感じさせてくれる里山である。

武家茶の開祖として名高い上田宗箇が、広島城本丸・縮景園・上田家上屋敷（和風堂）の3か所から望める借景として、山頂に赤松（宗箇松）を植えたことでも有名である。それは、古来この山が広島の地に住む人々にとって、身近な親しみを感じさせてくれる存在であったことの証左であろう。山麓にある三龍寺は、都心から近距離にあるにもかかわらず、深山《しんざん》幽《ゆう》谷《こく》の気分を味わえる霊域であり、中国観音霊場の十三番札所である。山麓一帯では春は椿やツツジ、夏は濃緑と木漏れ日、そして秋には色鮮やかな紅葉と季節に応じた色彩美世界が展開し、登山者や巡礼者の目と心を潤してくれる。

アクセス　JR可部線三滝駅から徒歩で登山口・三瀧寺へ約15分

低山

鈴《すず》ケ《が》峰《みね》

朝陽を正面で迎える信仰の山

登山道途上のお地蔵さん

登山口

山麓からの展望

東峰・山頂の案内板

山頂標識

9 広島市西区

コースデータ

徒歩総時間
1〜2時間

楽しめる期間
通年

おすすめの季節
陽だまりの冬

歩行距離
約2キロ

標高
312m

魅力満喫度

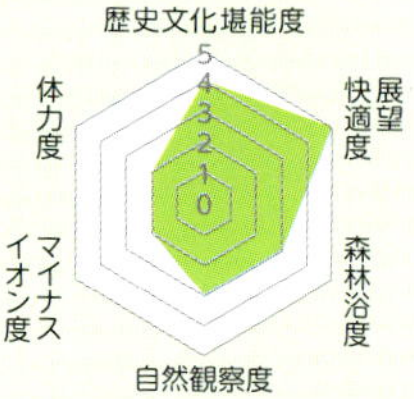

立ち寄りスポット

西国街道跡・龍神山参道入口

西国街道とは、江戸時代の西日本における幹線道であった、京都と下関を結ぶ山陽道のことである。当時の街道は鈴ケ峰の麓を通過していた。井口界隈には、その時代の面影を残す場所がいくつかある。その中でも、鈴ケ峰の南に位置している小さな山・龍神山（旧名・小己斐山）を越える峠は難所としても知られていた。現在でも、龍神山参道入り口付近は当時の風情を残している。

東峰・山頂から宮島方面

世界遺産・宮島を展望する里山

　鈴ケ峰は、地名としてもそして各種学校の名前にも使われるくらい、広島の人たちにとっては非常に親近感を覚える名前の山である。あまりにも身近に存在しているので、山歩きの対象としては軽んじられやすい、ちょっと可哀想な山でもある。

　しかし、この山は万葉の時代から歌人らにも親しまれていた存在でもあったのだ。万葉集には、この一帯の地名である佐伯郡の名峰ということで、「佐伯（さへき）山」とも称されていたという。後の時代になり江戸後期の安芸国広島藩地誌である『芸藩通志』には、朝陽を正面から迎える信仰の山として捉えられていたとも記述されている。

　確かに、山頂（東峰）からの展望は息をのむほどに圧巻である。世界遺産の島・宮島をはじめ似島、能美島など瀬戸内の多島美世界が満喫できる。さらに三角点のある西峰への尾根筋縦走路は初心者でも安心して歩ける登山道である。

ルート

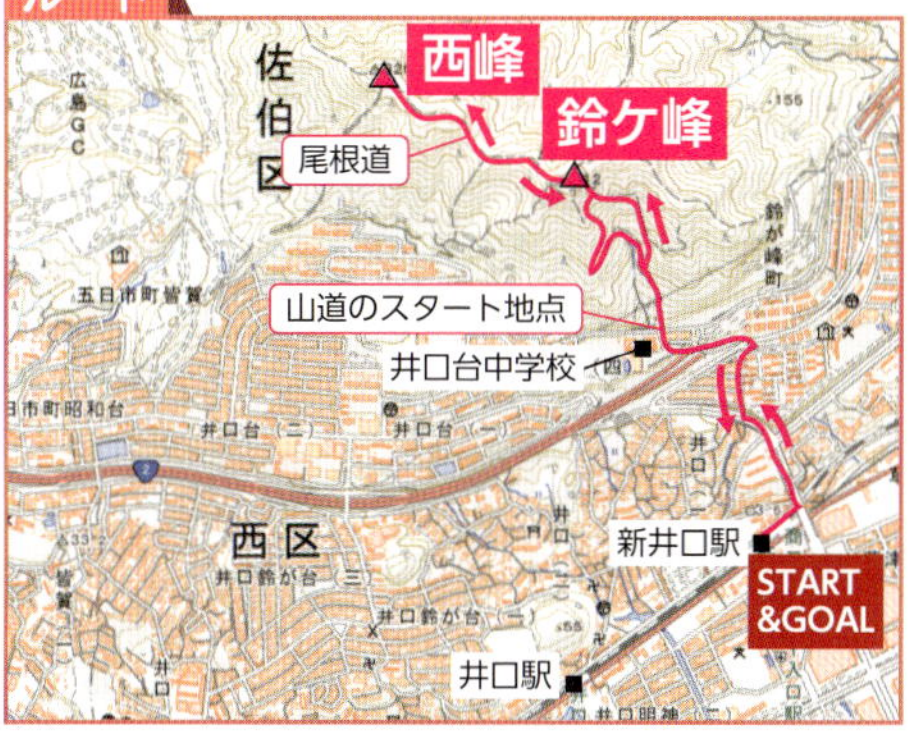

アクセス　JR 山陽本線新井口駅から徒歩 20 分で登山口

低山

権《ごん》現《げん》山《ざん》

物語の宝庫としての里山

10 広島市 安佐南区

コースデータ

徒歩総時間
3時間

楽しめる期間
通年

おすすめの季節
毘沙門天の初寅祭
（旧暦・初寅の日とその前夜）

歩行距離
約3キロ

標高
397m

魅力満喫度

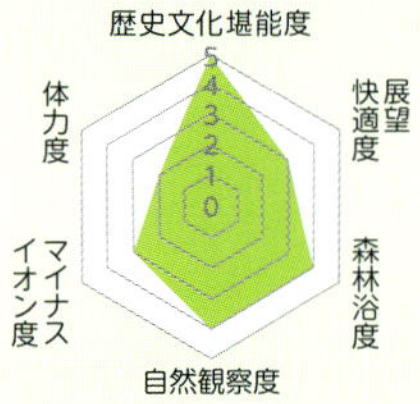

森林浴の道

現代の結界・仁王門（赤い鐘楼）

山麓にある巨石群

参道入り口にある石灯籠

多宝塔からの日没風景

立ち寄りスポット

毘沙門天本堂

毘沙門天とは、持国天、増長天、広目天とともに四天王の一尊に数えられる仏教における天部の仏神である。権現山への途上にある毘沙門天本堂は1065年頃、教尊という修行僧が行基菩薩の作といわれる毘沙門尊像を安置したのが創建と伝えられている。その後、武田氏が銀山城築城の折に、この地に願成寺など七ヶ寺を建立した。毘沙門堂や仁王門、縁結び岩、七福神石像などが現存し、今なお商売繁昌・縁結びの福の神として、広くその信仰を集めている。

広島市内から広島湾までのパノラマ

「権現」という名の背景

古来、人々は霊山や聖地の山を仏菩薩や神霊の棲み処として畏敬の念をもって接してきた。「権現山」という名前がつく山は、日本全国に約90近くあり、広島県内には9つある。全国的にみて4番目に多い馴染み深い山名である。仏菩薩が仮の姿（神）として現出して民衆を救済するという思想である本地《ほんち》垂迹《すいじゃく》。仏菩薩が「権（かり）に現われた」ので「権現」という尊称が発生し、山の神のことを権現と称してきた歴史がある。

この山は、古墳時代、中世、近世、そして近現代に至る歴史の中で、絶えず人々の営み風景の中に溶け込んできたといえるだろう。畏敬の対象や信仰の場、さらには哀しみの癒し場として広島デルタ地帯に住む人々へ絶えず「畏怖」や「祈り」、「安らぎ」と「憩い」という空間を与え続けてきた。その時空には、さまざまな物語が蓄積しているのである。そんな物語の宝庫である権現山からの眺望は、訪れる人々に「ひととき微睡《まどろ》み」を静かに与えてくれる。

アクセス アストラムライン毘沙門台駅から徒歩10分で参道入り口

低山

武田山《たけだやま》

中世に繁栄を極めた山城跡

山麓近くにある新羅神社

山城時代の名残石

登山道からの広島方面

山頂から東方面展望

山頂部にある銀山城跡の案内板

11 広島市
安佐北区

コースデータ

徒歩総時間
3～4時間

楽しめる期間
通年

おすすめの季節
タムシバ咲く3・4月

歩行距離
約3キロ

標高
410m

魅力満喫度

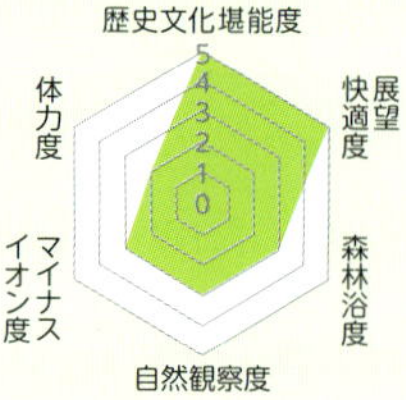

立ち寄りスポット

新羅神社

武田山の山麓、住宅街の中にあるこんもりとした小高い森の中に位置している。安芸国の守護職であった武田信宗によって鎌倉時代後期の正安2年（1300）に甲斐国から勧請されたのが神社の創建とされている。祭神には清和源氏の系統である武田氏の先祖であり、新《しん》羅《ら》三郎《さぶろう》とも呼ばれた平安時代中期の武将・源義光が祀られている。武田山にあった銀山城の城主・安芸武田氏の守護神として崇敬を集めていた神社である。

武田山遠景

銀山《かなやま》城跡に歴史の面影を偲ぶ

この山の東側にある祇園は、鎌倉時代の初期から交通の要衝として栄えてきたエリアである。太田川から瀬戸内海を結ぶ道や山陽道などで陸海の物資が集積されていた土地であった。

承久の乱（１２２１年）における勲功として甲斐国の武将・武田信光が、安芸国守護に任命される。鎌倉時代末期には、子孫である武田信宗がこの山に銀山城を築城したのが武田山の由来である。武田氏の繁栄は、天文10年（１５４１）に毛利元就による攻撃によって終焉を迎える。すなわち銀山城（武田山）は、約３００年近く繁栄を極めたのである。

山頂部には巨岩が点在し、広島市内の絶好の展望地となっている。また、山麓一体の銀山城跡には「御守岩台《ごしゅいわだい》」「館跡《やかたあと》」「見張台」と呼ばれる郭《くるわ》や、「犬通し」という堀切《ほりきり》などが残っており、中世の時代の面影を偲びながら歩くことができる。特に「御門跡」と呼ばれる巨岩が集積する郭跡をはじめ「千畳敷」や「本丸跡」など見どころが多い。

アクセス JR 可部線下祇園駅から徒歩 30 分で登山口・憩いの森

低山

福《ふく》王《おう》寺《じ》山《やま》

安芸の高野山・古刹を巡る

⑫ 広島市
安佐北区

コースデータ

徒歩総時間
1～2時間

楽しめる期間
通年

おすすめの季節
紅葉の秋（11月）

歩行距離
約3キロ

標高
496m

魅力満喫度

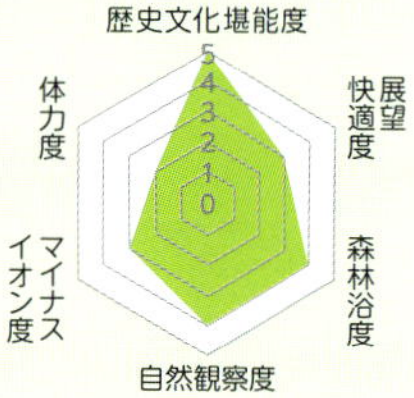

登山口

福王寺境内

石畳の登り道

不動明王像

山頂への標識

立ち寄りスポット

金亀（きんき）池

福王寺の山号である金亀山の由来伝説発祥の池である。その伝説とは、弘法大師・空海がこの地を訪れた際に、この池にいた亀が空海の足元近くに泳ぎ寄ってきたそうである。そして三拝の礼をもって空海を迎えたという。それに感銘した空海は、この池のことを金亀池と名付けたという伝説物語である。池の中の小島にある小さな神社は弁財天が祀られている。

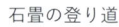

金亀池

安芸の高野山、真言宗の古刹・福王寺

山頂への途上には、真言宗の古刹であり安芸の高野山とも呼ばれてきた福王寺の大伽藍群《だいがらんぐん》がある。真宗が盛んな安芸地方において、この寺は真言宗の名刹として長い歴史を刻んできたのである。寺の開基伝説には弘法大師・空海が関与している。この地を訪れた空海が、大きな1本の巨樹を根や枝をつけたままの状態で、高さ3メートルにもおよぶ不動明王像を彫り、本尊としたといわれている。

現在も山門を上がってすぐの場所には、燈明杉《とうみょうすぎ》と呼ばれる巨樹群がある。中世には、安芸国守護であった武田氏の保護下にあり、数多くの堂舎が造立・改築されたといわれている。

寺院の裏手には、武田氏信の供養塔とされる宝篋印塔《ほうきょういんとう》がひっそりと佇んでいる。また、金亀池は、伽藍群の裏手にあり周囲は静寂な空間となっている。この金亀池のほとりの登山道から山頂へと向かう。

アクセス　JR可部線可部駅から福王寺駐車場まで車で30分

北側からの牛頭山

山城跡標識

山頂より東方面の展望

地元に残る古文書

ポイントには標識がある

低山

牛《うし》頭《ず》山《やま》

謎多き牛頭天王由来伝説を探る

13 広島市
安佐北区

コースデータ

徒歩総時間
2〜3時間

楽しめる期間
通年

おすすめの季節
11月第1日曜日
（養山八幡神社秋季大祭）

歩行距離
約2.5キロ

標高
689m

魅力満喫度

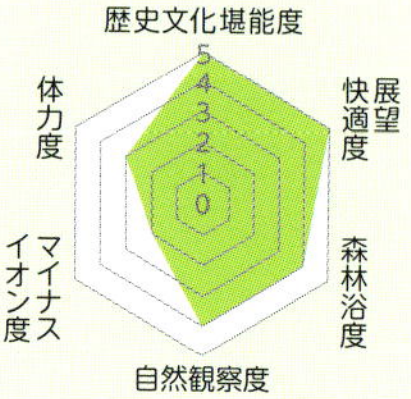

立ち寄りスポット

養山八幡（ようざんはちまん）神社

かつて牛頭山山中の高野にあったものが、天正 17 年（1589）に現在の地に移されたと伝えられている。11 月の養山八幡神社秋季大祭では、広島市指定重要無形文化財・養山八幡の吹囃子行事が執り行われる。この行事は文化 8 年（1811）に、神輿を神社に迎え入れる際、村人が太鼓の囃子などで盛大に祝いの行列を行ったのが始まりと伝えられている。すなわち、200 年を超える伝統行事が継承されている神社である。

山頂より広島市内方面

山名から天竺（インド）へと夢を広げる

変わった山名である。日本山名辞典によると、牛頭山と命名された山はわずか2つしかない。もう1つは山口市徳地にある。山名由来には山容が牛の頭に似ているという説もあるが、この山の地理的位置関係を俯瞰すると全く別の仮説が浮上するのである。蘇民将来《そみんしょうらい》説話に出てくる牛頭《ごず》天王は、インド仏教の世界においては、祇園精舎の守護神とされている。

鎌倉時代に広島市内（祇園）に築城された武田氏居城・銀山《かなやま》城。この銀山城の北方角を守護する役割として、牛頭山山麓に山城（牛頭山城）があったと伝えられている。すなわち、（祇園＝銀山城）を守護する牛頭天王をイメージしたうえでの命名ではないだろうか。山頂からの展望が、その山名由来の仮説を裏付けてくれる。南側には銀山城のあった武田山をしっかりと眺めることができ、北・西・東の方角には、奥深い中国山地へと連なる山系が展開しているのである。

アクセス 広島市青少年野外活動センター・こども村近くに登山口あり

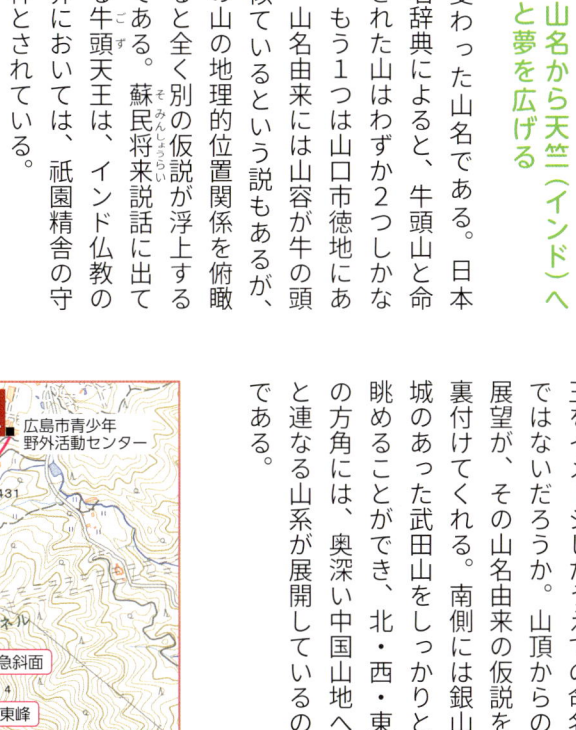

低山

蓮《れん》華《げ》寺《じ》山《やま》

心静かに石仏巡礼の山道を歩く

滝行場

蓮華寺への階段

安芸中野駅前の掲示板

八十八ヶ所石仏

弘法大師堂跡地の石碑

14 広島市安芸区

コースデータ

徒歩総時間
3～4時間

楽しめる期間
通年

おすすめの季節
新緑の5～6月・紅葉の11月

歩行距離
約8キロ

標高
374m

魅力満喫度

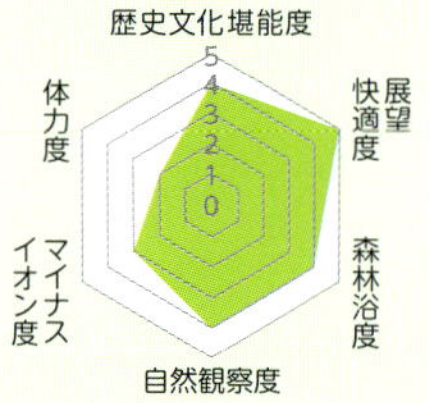

立ち寄りスポット

蓮華寺

伝説によると、弘法大師・空海は留学先の唐（中国）の万寿廟から、密教仏具である三鈷と数珠の二品を日本に向けて投じたといわれている。三鈷は紀ノ国・高野山に届き、もう一品の数珠は、阿岐国・姫髪山の老桧に懸ったといわれている。この姫髪山に建立された堂宇が、八葉山名峰院蓮華寺だと伝えられている。昭和4年、その由緒・仏縁を基に蓮華寺山麓に現在の蓮華寺が建立され、山頂までの八十八ヶ所の石仏も配置された。

山頂

弘法大師ゆかりの山道

大同元年（８０６）、弘法大師・空海が開基したと伝えられている八葉山名峰院蓮華寺が、この山の山頂付近にあったと伝えられている。その蓮華寺の名前が、山名由来とされている。それだけに、弘法大師・空海にゆかりの場所が山麓には点在している。

　まずは登山口付近にある現在の蓮華寺からはじまる。この境内には高野山奥の院より分霊された「白髭稲荷大明神」が祀られている。また、登りの山道沿いにはやさしい表情の八十八体の石仏群があり、参詣登山者を温かく出迎えてくれるミニお遍路道にもなっている。尾根筋の道に上がると、弘法大師堂跡地の石碑、下山口付近には滝行場がある。森閑とした林にある龍心寺奥の院には、八十八ヶ所巡りが瞬時にできる円形の遍路道もある。この山を歩くことはすなわち、弘法大師・空海に抱かれながらのミニ巡礼をしていることに等しいのである。

アクセス JR 山陽本線安芸中野駅から徒歩 10 分で登山口である蓮華寺

低山

岩《いわ》滝《たき》山《やま》

神仏世界の霊気が漂う山域

稲荷社

整備された登山道

登山口近くの酒造場

登山道脇の地蔵さん

山頂

⑮ 広島市安芸区

コースデータ

徒歩総時間
2〜3時間

楽しめる期間
通年

おすすめの季節
春の桜開花時期

歩行距離
約2キロ

標高
163m

魅力満喫度

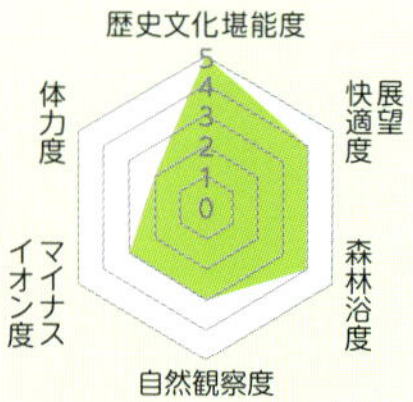

立ち寄りスポット

日浦山(ひのうらやま)

本書でも紹介している山である。アクセスのJR駅が同じ海田市駅となっているので、時間的・体力的に余裕があれば、1日で2山を歩いてみることも可能である。岩滝山から日浦山への縦走路も興味深いコースである。

＊岩滝山から北方向へ尾根筋を歩き、広島市立船越中学校方面へと下り、そこから日浦山へと登る。下山は日浦山コースを参照しながら海田市駅へ

登山道脇の巨樹

霊気が漂う山麓一帯（岩瀧神社・豊稔寺）

　この山の魅力は、やはり登山口にある山名由来とされる岩瀧神社であろう。広島湾の絶景が展開する岩滝山の中腹にこの神社は鎮座している。創建は西暦８２６年前後といわれるほど歴史のある古社である。春の桜開花時期には、花見スポットとしても多くの人が訪れる。近くには弥生時代後期の新宮古墳などもあり、この山の一帯が古代から栄えていたことを証明している。

　山の名前由来については、江戸時代の書物には「岩嶽山」と記載されていたが、山麓から見上げると滝のように巨岩奇岩が並んでいることから、「岩滝山」と転訛したという説もある。

　また、菅原道真公が筑紫太宰府に左遷の途上、山麓の船越に立ち寄り、岩滝山を観音道場相応の霊地として供養や祈願をされたことが開基となった豊稔寺も山麓にある。そのことから地元では、「観音さんのお山」として親しまれてきたとも伝えられている。神仏世界の双方からの霊気が山麓一体に漂っている。

ルート

アクセス JR 山陽本線・呉線海田市駅から徒歩 20 分で登山口である岩瀧神社

低山

行《ぎょう》者《じゃ》山《やま》

修験道開祖・役行者ゆかりの山

修行場の鎖

玖波駅からの遠望

登山道脇の巨岩

山頂

修行場の岩壁

16 大竹市玖波町

コースデータ

徒歩総時間
2〜3時間

楽しめる期間
通年

おすすめの季節
秋〜春

歩行距離
約2キロ

標高
313m

魅力満喫度

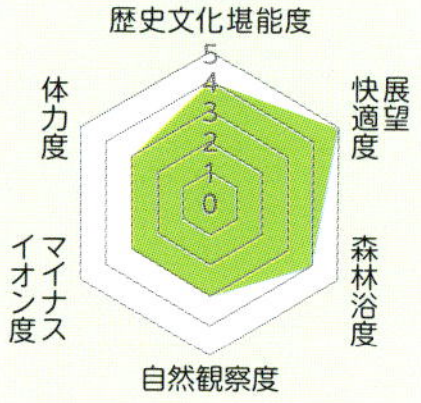

立ち寄りスポット

玖波槍（くばやり）

四等三角点が置かれている行者山山頂部からの南方角の展望も申し分ないのだが、隣接する玖波槍の頂きからの360度の大眺望にはかなわないだろう。行者山山頂部から一旦下り、少し登り返すと玖波槍の大きな岩が現れる。そこでは瀬戸内海の多島美世界や、大鉢山・傘山・経小屋山などの山岳パノラマが展開している。

山頂付近からの展望

山岳修験道世界に浸る

行者山という名は全国に数多くあるので、地元ではこの山を玖波行者山とも呼んでいる。江戸時代に山陽道の38番目の宿場町として栄えた玖波の町。その町のすぐ北側にこの山は位置している。山の名前の通り、山岳修験道の行場として、神聖な霊域として崇められてきたのである。

山麓には、行者堂や3か所の鎖場、そして山頂には石鎚《いしづち》信仰の頂上神社も残されている。さらに登山道沿いには、修験者の面影を偲ばせる巨岩に挟まれた祠や行場跡が点在している。一説には、修験道廃止令が発布された明治5年前後には、日本国内の山岳修験者数は十数万人いたともいわれている。当時は、日本各地にある「行者」の名が付く山においては、多くの修験者らの姿を見ることができたのであろう。この玖波行者山を歩くことで、そんな昔日の山岳修験の世界に思いを馳せることができるのである。

ルート

アクセス JR 山陽本線玖波駅から歩き始める

低山

宮《みや》島《じま》弥《み》山《せん》

世界遺産の島・修験の聖地を歩く

17 廿日市市

コースデータ

徒歩総時間
3～4時間

楽しめる期間
通年

おすすめの季節
正月元旦の日の出時

歩行距離
約7キロ

標高
529m

魅力満喫度

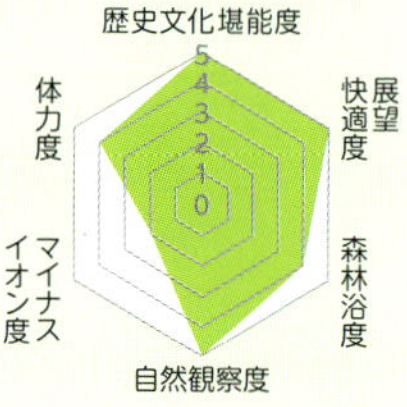

山頂で法螺貝を吹く修験者

山麓にある山辺の古径

原始林の石碑

弥山本堂にある
伊藤博文の扁額

夕暮れの宮島航路（広島湾）

立ち寄りスポット

不明門（あかずのもん）

嚴島神社本殿裏手（山側）の森の中にある。この門は、古来人の出入りは固く禁じられている。それは、祭神が弥山から流れ出る御手洗川（紅葉谷）を通路とし、この門を経て本殿に出現するという物語が背景にある。すなわち、弥山を神聖な水脈の源とみなす考えである。門の実物を見ることはできないが、その神仙な気配を近くから感じてもらいたい。

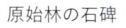

対岸からみる宮島・弥山（右）の朝焼け

低山には珍しい原始林

　この山の山麓にある原始林は「彌山《みせん》原始林」と表記される。「彌」という漢字には（果てしなく水が満ちて広がるさま）という意味がある。このような神仙さを包含する山や、森を抱く神の島・宮島は歴史上の権力者や宗教者・修験者をはじめ、外国からの来訪者からも尊崇されてきた。

　大正2年に原始林を訪れたベルリン大学の植物分類学者アドルフ・エングラーはその深遠さに驚嘆した。彼の進言もあり、この森は国の特別保護区に指定されている。山頂直下付近にある不動明王を本尊とする霊火堂では、西暦806年に弘法大師・空海が護摩修行の際に残った火が、現在まで毎日絶えることなく守り継がれている。この火が平和記念公園にある「平和の灯」の元火であることはよく知られている。また、霊火堂近くにある弥山本堂の扁額を書した初代総理大臣・伊藤博文は、私財を投じて弥山への登拝路を整備した。

アクセス JR山陽本線宮島口駅下車、連絡船で宮島へ

低山

極《ごく》楽《らく》寺《じ》山《やま》

全国でも有数のモミの原生林と伝説の池

18 廿日市市原

コースデータ

徒歩総時間
4〜5時間

楽しめる期間
通年

おすすめの季節
6〜7月
(蛇の池のスイレン開花時期)

歩行距離
約8キロ

標高
693m

魅力満喫度

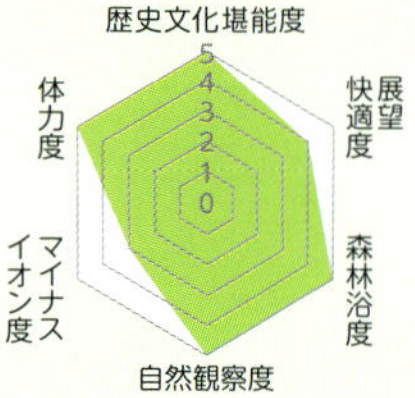

極楽寺境内からの展望

蛇の池

極楽寺境内

極楽寺裏手

極楽寺

立ち寄りスポット

蛇の池

この池には大蛇に纏わる伝説が残されている。この池に住んでいた頭が8つ、尻尾が3本ある大蛇が、毎年春の雨の夜に出雲まで出かけ娘をさらって秋になって戻ってくる。その大蛇を素戔嗚尊《スサノオノミコト》が退治した際、その首が山2つ向こうにある地御前《じごぜん》村に届いたという。地御前村の村民らは、大蛇の祟りを怖れ、8つの頭を供養するために八面《やつおもて》神社を建てた、というストーリーである。

幽玄な周回道

原生の森と信仰の聖地

山頂部には、高野山真言宗の別格本山の格式を有する極楽寺がある。天平3年（731）、聖武天皇の命により僧・行基の開基とされており、阿弥陀堂には日本最大級の阿弥陀如来の木像が鎮座する古刹である。安芸国を代表する寺として、毛利家・大内家などからも信奉を受けてきた。その毛利家によって永禄5年（1562）に本堂が再建されており、歴史の重みを感じさせてくれる。毎年4月の第3日曜には縁日が開催され、本尊である千手観音や木造板半肉彫《もくぞうばんはんにくぼり》虚空蔵菩薩坐像《こくぞうぼさつざぞう》なども公開される。

霊山である極楽寺山山頂一帯は、古来伐採が避けられた影響で、今でも全国有数のモミの原生林が残されている。極楽寺の本堂前には、樹齢300年以上、樹高20mにもなる県内では最大のアカガシの巨樹もある。極楽寺境内からの瀬戸内海展望とともに、静寂の森歩きも味わいたい。

ルート

アクセス 山陽自動車道・宮島サービスエリア（上り）横の登山口駐車場まで車で移動

低山

日《ひの》浦《うら》山《やま》

広島湾の大展望が満喫できる

19 安芸郡海田町

コースデータ

徒歩総時間
2〜3時間

楽しめる期間
通年

おすすめの季節
陽だまりの冬

歩行距離
約3キロ

標高
345m

魅力満喫度

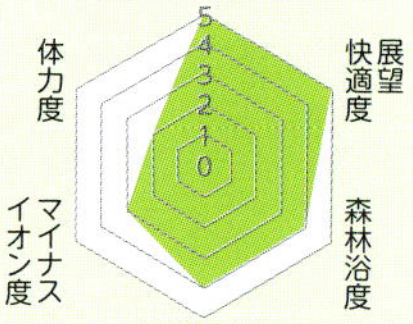

木漏れ日の登り坂

山頂直下の巨岩

八十八ヶ所霊場巡り道

山頂からの眺め

広島湾を望む

立ち寄りスポット

旧千葉家住宅

平成3年（1991）には、この旧宅内の書院が広島県重要文化財に、そして泉庭が広島県名勝に指定されている。この旧宅は、近世における山陽道（西国街道）の宿場町として栄えた海田の要職を勤めた千葉家の建物である。山陽道を通過する要人らの宿泊所として重要な場所であった旧宅内は、本陣や脇本陣に準ずるくらいの高い品格を有していたといわれている。旧宅内には、主屋・角屋・座敷棟をはじめ泉庭などが残されている。特に安永3年（1774）に建造された座敷棟は、建築当初の重厚な趣きを残している。

山腹からの眺め

山名の由来にも魅入られる

よく晴れた日にこの山を歩けば、誰でも必ず山歩きが好きになれることだろう。それだけに、初心者の知り合いに山歩きの魅力を紹介したい場合にも、もってこいの山ではないだろうか。

頂上からの展望は、息をのむほどの大パノラマである。広島湾の海面がキラキラと輝き、広島市内をはじめ、遠くは呉方面の山並みが遠望できるのである。

また、山麓の町・海田には、古くから山陽道の宿場町として栄えた頃の歴史文化財が点在している。山歩きの後には、ゆっくりと海田の歴史散策も楽しみたい。南北朝時代の頃、山頂には敵軍の来襲などを報せる烽火台的な役割を持つ建造物があったとも伝えられている。かつてこの山のことを「火の浦」という烽火にゆかりの字が用いられていたが、後の江戸時代における郷土文献には「日の浦山」とも表記されている。「日の浦山」の山名由来には、太陽がこの山の背後から上がってくるとして命名されたという説もある。

アクセス JR 山陽本線・呉線海田市駅から徒歩 10 分で登山口

低山

天《てん》狗《ぐ》岩《いわ》

奇岩・巨岩の頂きから広島湾を望む

20 安芸郡坂町

コースデータ

徒歩総時間
2～3時間

楽しめる期間
通年

おすすめの季節
秋～春

歩行距離
約5キロ

標高
370m

魅力満喫度

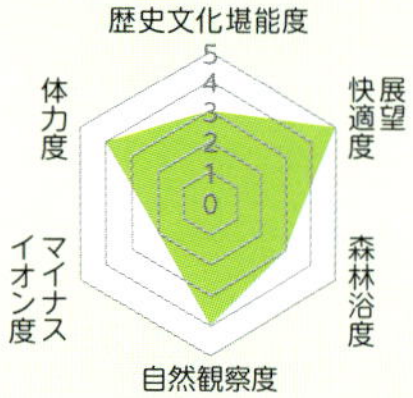

展望巨石

登山道からの眺め

登山口・小屋浦駅

天狗岩

分岐標識

立ち寄りスポット

呉ポートピアパーク

登山口である小屋浦駅からは、JR呉線で1駅離れた近距離にある市民公園。登山後の憩いの時間を過ごしたいものである。陶芸をはじめ各種創作体験コーナーや、家族連れでも楽しめるスペースなどもある。クリスマスなどの時期には、パーク内が各種のイルミネーションで装飾される。また、イベントスペースでは、フリーマーケットなども開催されている。

春３月の花模様

「天狗」がつく山の名前から紐解く

山名に「天狗」がつく山は全国的に数が多い部類に入るだろう。天狗岳・天狗山・天狗森・天狗石山・天狗城山、そして天狗岩などである。その多くは山岳修験道との関連性が深い山々である。天狗という信仰上における架空の想像物を、古来日本人は畏敬と尊崇の対象とみなしてきたのだろう。霊域とされる山岳景観のなかでも、「天狗」と名付けられる山域の多くには、巨岩や奇岩などが点在している。それは、古代より人類は巨大で不動の岩に対峙する際、人智を越える霊的エネルギーを感じてきたことに起因している。日本のみならず、オーストラリアのエアーズロック、ギリシャ修道院が建つメテオラの奇岩群など、世界各地でも同様のことがいえるだろう。

この天狗岩も標高的にはさほど高くはないが、「天狗」という名が付けられただけあって、山頂部にある巨大な奇岩群からの眺望には目を見張るものがあり、地上とは異なる別次元へと誘ってくれる。

アクセス JR呉線小屋浦駅から歩き始める

低山

弘《こう》法《ぼう》寺《じ》山《やま》

自然の造形美・岩海と瀬戸内海の絶景

岩海（岩雪崩）が瀬戸内海へと落ちていく

弘法寺からの散策道

空海修行伝説の岩窟

山麓からの日没タイム

幽玄な佇まいの弘法寺

21 呉市

コースデータ

徒歩総時間
2～3時間

楽しめる期間
通年

おすすめの季節
桜開花時期4月

歩行距離
約3キロ

標高
788m

魅力満喫度

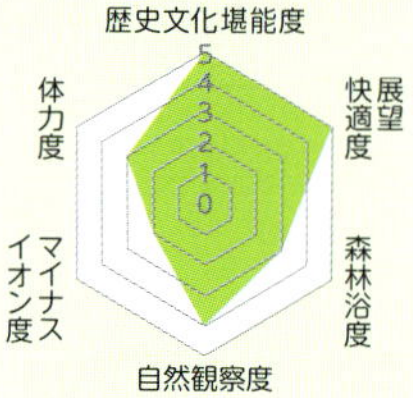

立ち寄りスポット

野呂山塊（のろさんかい）の岩海（がんかい）

野呂山系山塊の麓を走る道・さざなみスカイライン沿いの8合目付近に入り口があり、数台分の駐車スペースもある。散策遊歩道を歩くとすぐに岩雪崩の景観が現れてくる。火山岩の転石や巨石が密集して山の斜面を埋め尽くしている。また、遊歩道沿いも季節に応じてさまざまな彩りを見せてくる。ツバキ、山桜、そして紅葉と、眼下に広がる美しい瀬戸内海の多島美とのコラボレーションを楽しめる。

冬場には凍結する玉すだれの滝

弘法寺山のある野呂山塊

広島県民にとって馴染みのある野呂山《のろさん》。しかし、具体的なピークがある山ではない。呉市の南に展開する野呂山塊は、その幅が東西4キロにも及び、膳《ぜん》棚山《だなやま》と弘法寺山という2つのピークがある。東峰となる弘法寺山山頂付近には、弘法大師・空海が開山したと伝わる伊音城・弘法寺がある。空海が19歳と49歳のときにこの山に登り、奇岩群の中で修行したという伝説が残っている。

弘法寺周辺は、地元の有志の方々によって整備が進められ、登山者のみならず車での参詣者にも快適な空間が提供されている。護摩法要や火渡りの行事、星祭りなど弘法寺が主宰する行事も多く、行事日に合わせた山歩きも楽しみの1つである。

また、車でも行けるかぶと岩展望台からは、叙情あふれる瀬戸内海の風景（特に夕暮れ時）を見ることができ、多くの人の心を癒してくれる。

ルート

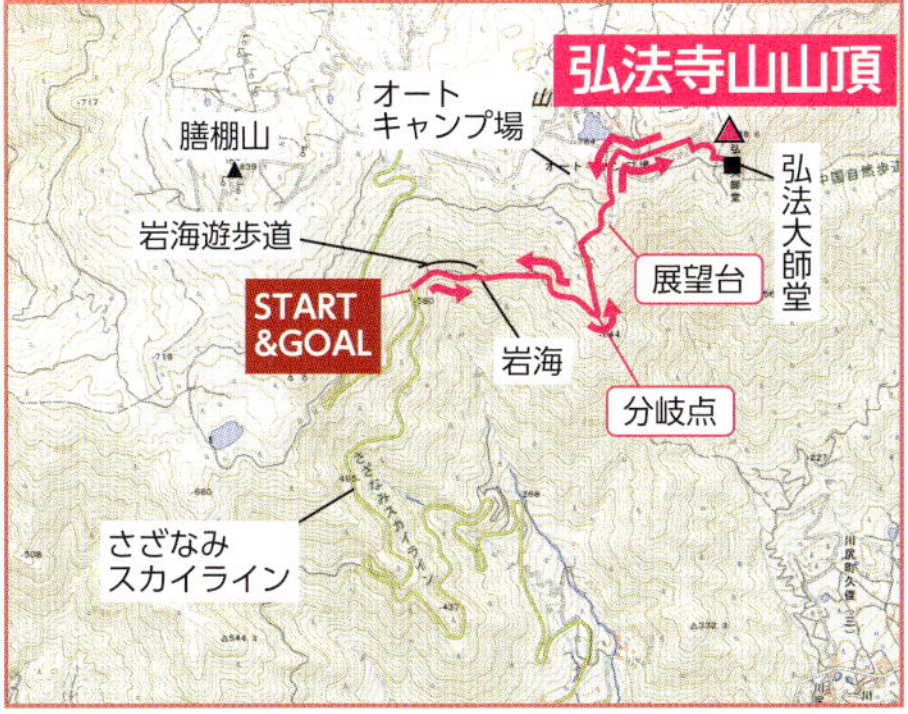

アクセス 野呂山・岩海の駐車場まで車で移動

低山

倉《くら》橋《はし》火《ひ》山《やま》

現代の龍宮城世界を求めて歩く

尾根筋道

道端の石仏

後火山の展望台からの山頂

秋は落ち葉道となる

桂浜

22 呉市倉橋町

コースデータ

徒歩総時間
2～3時間

楽しめる期間
通年

おすすめの季節
陽だまりの冬

歩行距離
約5キロ

標高
455m

魅力満喫度

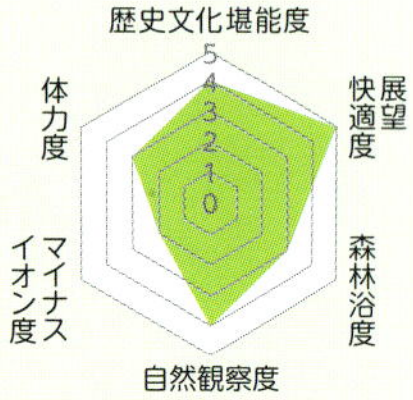

立ち寄りスポット

長門の造船歴史館

登山口に隣接する桂浜は、日本の渚百選にも選ばれた白砂・青松が優美な世界を展開している。その桂浜にある長門の造船歴史館には、遣唐使船が展示されている。造船業で栄えた倉橋島の船大工らが、1989 年に昔の絵巻物に描かれた遣唐使船を参考に船を復元したのである。近くには江戸時代のドッグ跡も残されており、一説によると遣唐使船も倉橋の地で建造されたともいわれている。

山頂からの大展望

現代の「龍宮城」といってもいい景観世界

「龍宮城」という表現が大袈裟に聞こえないくらい、この山の周囲には展望地が点在するのである。

　まずは、山頂部へと向かう尾根筋からの展望も見逃せない。高度を上げていくと次第に、南方向に瀬戸内海の絶景が目の前に広がっている。山頂近くの駐車場からは分かれ道となり、倉橋火山と隣接する後火山山頂双方へと登ることができる。倉橋火山の山頂部からの展望は、筆舌に尽くしがたい。眼下には倉橋の小さな港町が見下ろせる。そしてその左手には、まるで龍宮城へと向かう亀の頭のようにも見える、長串の鼻（岬）が瀬戸内海へ突き出している。対面の岬は木長鼻である。目を沖に転じれば、瀬戸内海航路要衝の島でもあった鹿島《かしま》や、周防《すおう》大《おお》島《しま》、柱島など安芸灘に浮かぶ島々が顔を出している。夕暮れ時にこの山頂に立ち、赤く暮れなずむ瀬戸内海の多島美世界を眺めるだけで、現代の龍宮城に導かれていく気分に浸れるのである。

ルート

アクセス　くらはし桂浜温泉館近くまで車で移動

低山

古《ふる》鷹《たか》山《やま》

旧海軍兵学校の鍛錬場

山頂からの展望

山麓周辺の登山道標識

海上からの古鷹山山塊

登山道にある鎖場

五省（ごせい）の説明板（背後右に術科学校）

立ち寄りスポット

山頂の方位盤（レプリカ）など

山頂には、国内外各地の主要都市名が刻まれた方位盤（レプリカ）が設置されており、日本各地や世界の主要な都市などの方位がわかるようになっている。この方位盤からは、旧海軍兵学校の訓練生が遠く離れた故郷や、まだ見ぬ海外の地へ想いを馳せた姿が偲ばれる。また登山路には、兵学校卒業生の各同期会が植樹した桜の木が点在している。海のエリートたちにとってこの山の存在は大きく、戦時中には軍艦の名前にもなっている。

23 江田島市

コースデータ

徒歩総時間
2～3時間

楽しめる期間
通年

おすすめの季節
秋～春

歩行距離
約4キロ

標高
394m

魅力満喫度

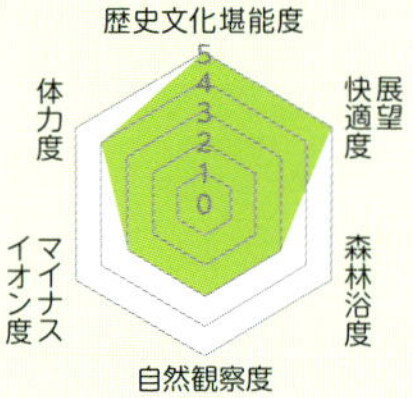

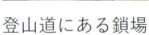

山頂からの南方角遠望

海の守り神が住む山

『日本百名山』（深田久弥著）のすべてを登ろうとする人は多いが、1つの山を100回登るのは極めて稀であろう。その稀人の一人が広瀬武夫である。日露戦争時に、旅順港閉塞作戦に従事し、戦死後には軍神として崇められた。

その広瀬が海軍兵学校（十五期）時代に100回以上登った山が古鷹山である。兵学校は、明治21年8月に東京築地から江田島に移転された。広瀬とほぼ同時期には、後に首相となる岡田啓介や『坂の上の雲』（司馬遼太郎著）に登場する秋山真之《さねゆき》らがいる。彼らも広瀬と同じく、古鷹山を肉体と精神双方の鍛錬の場としていただろう。昭和初期に教鞭をとった英国人セシル・ブロックは、『江田島 イギリス人教師が見た海軍兵学校』の中で、紀元節（現在の建国記念日）を記念するための兵学校学生らによる登山を取り上げている。このように、鍛錬登山は戦前戦後を通じて兵学校・海上自衛隊第一術科学校の生徒に受け継がれている。

ルート

アクセス 江田島バス津久茂線のバス停・世上口から登山口まで徒歩5分

低山

砲台山《ほうだいざん》

明治時代の砲台跡などが静かに眠る

24 江田島市沖美町

コースデータ

徒歩総時間
1時間

楽しめる期間
通年

おすすめの季節
秋～春

歩行距離
約1キロ（周囲散策）

標高
401m

魅力満喫度

兵舎跡

砲台跡の説明板

砲台説明板

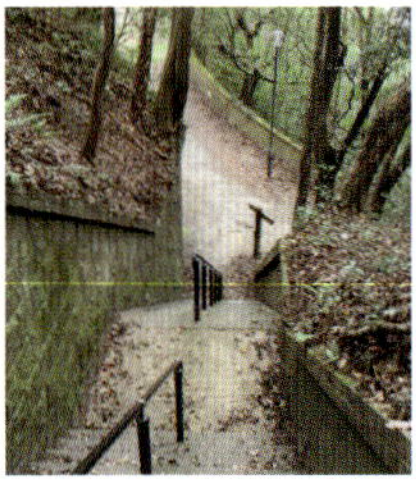

展望台への道

建物内部

立ち寄りスポット

三高山（みたかやま）砲台跡などの戦跡群

砲台跡は大きく北部と南部に分かれている。特に北部砲台跡にある、ひっそりとした兵舎跡や掩蔽部跡《えんぺいぶあと》（避難壕）周囲は、まるで天空の城ラピュタに迷い込んだ気分にもさせてくれる。さらに旧軍兵舎跡などを経て砲台山パノラマ展望台などを巡りたい。展望台からは、世界遺産の島・宮島をはじめ阿多田島など広島湾沿いの島々、そして遠くには山口県の周防大島《すおうおおしま》まで展望できる。ぜひサンセット時にも訪れてほしい。

展望所からの宮島

全国各地の砲台山

全国各地には、「砲台山」と呼ばれる山がいくつか存在する。神奈川県横須賀市や福岡県北九州市、大分県玖珠町などである。そのうちの多くは近代に起きた戦争に関係している戦跡が残る山である。横須賀市の砲台山は、昭和初期に地元で大塚山と呼ばれていた山に海軍が砲台を造って以降、砲台山と呼ばれるようになった。

ここ能美島にある砲台山は、地元ではもともと三高山と呼ばれていた。明治時代になり日露戦争の開戦が間近となってきた際、バルチック艦隊の来襲に備えるために、三高山山麓に堡《ほ》塁《るい》を建造する計画が明治31年から始まった。当時の軍都・広島を守る、いわゆる「広島湾要害構想」である。日本海海戦に勝利したため、この山麓から砲弾は一発も発射されてはいない。後の第2次世界大戦時には、無線基地や投射台が新たに設置されたりもした。現在では、まるで時間が止まったかのように明治時代の建造物が、この山の山麓にて眠っている。

アクセス 三高山砲台跡駐車場まで車で移動

低山

黒滝山《くろたきやま》・白滝山《しろたきやま》

磨崖仏や石仏群が出迎える霊山

25 竹原市忠海町・三原市小泉町

コースデータ

徒歩総時間
3～4時間

楽しめる期間
通年

おすすめの季節
秋～春

歩行距離
約6キロ

標高
黒滝山270m
白滝山350m

魅力満喫度

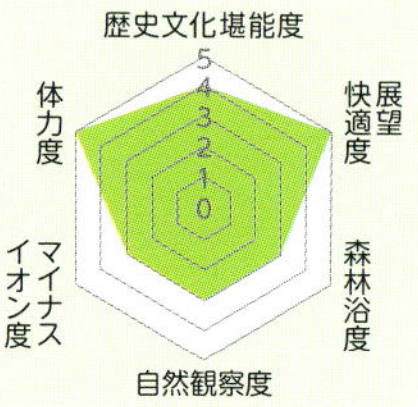

磨崖仏

黒滝山山麓

黒滝山登山口

黒滝山山頂からの眺め

幸福の鳥居くぐり

立ち寄りスポット

龍泉寺（白滝山）

もともと真言宗寺院であったが、戦国武将・小早川家の血筋をひく小泉一族の菩提寺であった時代には臨済宗寺院となった。小泉時代以降に曹洞宗寺院となり、現在に至っている。江戸時代の安芸国地誌である『芸藩通志』の「小泉村絵図」には、建龍泉寺山として掲載されている。

白滝山山頂からの展望

行基菩薩の夢のお告げ

黒滝山・白滝山ともに天平勝《てんぴょうしょう》宝《ほう》元年（７４９）、忠海町《ただのうみちょう》に宿をとられた行基菩薩が夢のお告げを受けて観音堂を建立し、その中に自ら彫った十一面観音菩薩像を安置したという信仰の霊山である。黒滝山の岩肌には文政４年（１８２１）に彫られた観音像が点在しており、「ミニ西国三十三か所霊場巡り」として参詣する人が絶えなかったといわれている。

一方、白滝山の山頂下には曹洞宗の古刹である龍泉寺がある。山全体が寺城といった荘厳な雰囲気を漂わせている山域でもある。山頂直下の巨大な方丈岩（八畳岩）には、江戸時代初期に刻まれた磨崖仏があり、登山者をやさしいまなざしで出迎えてくれる。

黒滝山・白滝山双方の山頂からは、眼下に瀬戸内海の煌めく水面や往来する船の白い航跡などが広がり、まさに観音様のご加護を受けた気分に浸らせてくれる霊山群である。

アクセス JR 呉線忠海駅から歩き始める

低山

神峰山《かんのみねやま》

瀬戸内海の島々を見渡す絶景

26 豊田郡
大崎上島町

コースデータ

徒歩総時間
3〜4時間

楽しめる期間
通年

おすすめの季節
秋〜春・桜開花時期・
5月柑橘系の花盛り時期

歩行距離
約3キロ

標高
453m

魅力満喫度

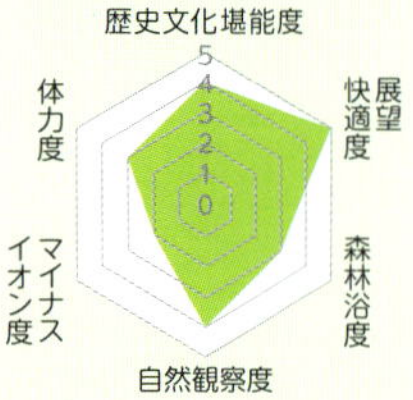

帰路の船便にて

三原港から船でアプローチ

登山口

登山道にて

アラカシの樹下にある地蔵群

立ち寄りスポット

映画「東京家族」のロケ地

小津安二郎監督の不朽の名作「東京物語」（1953 年）をモチーフに、現代の家族像を描いた映画である。大崎上島の木江《きのえ》地区にある、築 100 年の古民家が、家族の故郷地としてロケ地となっている。監督の山田洋次氏は、この地からの眺望に見飽きない日本の原風景の美しさを感じ、撮影場所として選んだといわれている。

山頂付近展望台から

橋の架かっていない島の山

しまなみ海道沿いにある島々の中でも、橋が架かっていない数少ない島の1つである。アプローチは船便となるが、それがかえって旅情緒を盛り上げてもくれる。船便が到着する木江天満港近くには、映画「東京家族」のロケ地や、風待ち汐待ちの港町時代の風情が漂う古い家並みも残っている。

また、至るところにみかん畑やレモン畑が広がり、5月には島中が柑橘の花の甘い香りに包まれるのである。そんな穏やかな島にある山だけに、山麓や山頂からの眺めにも多くの人々の心を癒すエネルギーが蓄積されている。

東方向には、しまなみ海道を結ぶ島々が展開し、南方角には愛媛県今治市の岬が遠望できる。さらに、西方角では「とびしま海道」の島々が優美なラインで並んでいる。これほどの多島美世界を満喫できる里海の山は珍しい。頂上部には五百羅漢や薬師堂の鐘楼などがある。

ルート

アクセス　木江天満港から徒歩15分で登山口

広島県

低山

大《たい》平《へい》山《ざん》

しま山100選に選ばれた里海の山

山道から見る千本桜

登山道からの三原方面

道中にある巨岩

明神山からのアルペンルート

三原港からの船便

27 三原市鷺町（佐木島）

コースデータ

徒歩総時間
3～4時間

楽しめる期間
通年

おすすめの季節
秋～春・桜開花時期

歩行距離
約6キロ

標高
267m

魅力満喫度

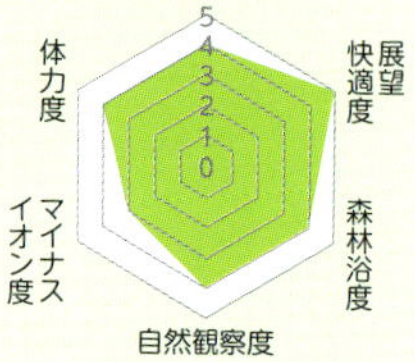

立ち寄りスポット

塔の峰千本桜

昔はみかん畑であった場所に、ふるさとの活性化を目的として平成 4 年から桜の植樹活動がはじまり、現在では 1200 本を超える千本桜の公園となっている。山道の整備なども含め佐木島の里人たちの心意気が感じられる場所である。その地域住民の活動は、「全国育樹活動コンクール」において林野庁長官賞を授与されている。

山麓からの眺望

しま山100選

日本離島センターでは、海に囲まれた小さな島々の魅力ある里山を100選出し、「しま山100選」として公表している。100の中で瀬戸内海にある島山は30。広島県からは11選出されている。佐木島にある大平山もその1つである。かつては製塩業や船舶業で栄えたが、今では穏やかで静かな汐風に包まれる周囲18キロ程度の小さな島である。近年は、トライアスロンや島内ウオーキングに力を注ぎ島の活性化の源としてきた。

　島の中央に聳える大平山への登山道などは、地元の「さぎしま架橋促進委員会」の方々のご尽力によって、さぎしまアルペンルートとして整備されている。里海に住まう島人たちにとっての心の故郷的な里山なのである。山頂に至るルート上には、優美な瀬戸内の里海を望むことができるポイントが点在しており、里海・里山の風景、そして里人の心の情景などに触れながら歩くことができる。

（※2024年8月18日に開催された第33回トライアスロンさぎしま大会をもって最後となった）

ルート

アクセス 三原港からフェリーで佐木島鷺港へ。帰路は向田港からフェリーで三原港へ

低山

鉢《はち》ケ《が》峰《みね》

法道仙人・空鉢伝説所縁の霊山

岩小島から見る鉢ケ峰

休憩所

登山口表示

開山・万慶上人の五輪塔

観音寺開山堂

28 三原市糸崎町

コースデータ

徒歩総時間
2～3時間

楽しめる期間
通年

おすすめの季節
秋～春・冬の陽だまり時期

歩行距離
約3キロ

標高
429m

魅力満喫度

立ち寄りスポット

観音寺

鉢ケ峰山麓にある開山堂一帯は、この観音寺（真言宗）の奥の院にあたる。観音寺では「鉢ケ峰のご案内」という案内書も配布しており、空鉢伝説についても詳しく記述されている。また、気さくでやさしいご住職とのお話にも耳を傾けたい。

山麓からの瀬戸内海展望

万慶上人が開山した山

地元の登山ガイドブックでも、ほとんど取り上げられない山である。しかし、この山の起源となる伝説には、インドからの渡来僧・法道《ほうどう》仙人の秘術など深遠なる物語が背景にある。その法道仙人の弟子・万慶上人が1200年ほど前に、風光にすぐれた霊地としてこの山の山麓にお堂を建立し、虚空蔵菩薩を安置して修法に務めていたと伝えられている。法道仙人の鉢を飛ばす秘術を伝授された万慶上人は、鉄の鉢を瀬戸内海を通る船に至らせ、供養の米などの喜捨を受けて山に戻させたといわれている。この伝説が「鉢ケ峰」の山名由来となっている。

奥の院には、その万慶上人所縁の五輪塔がある。この五輪塔に家から持参した水をかけ、落ちる水を汲み取り飲んだり、頭や身体につけるとご利益があるとされている。

また、奥の院からは法道仙人のもう1人の弟子・白道上人が命名した「山伏島(現在の細島)」や、白滝山のある因島も至近距離に眺めることができる。

 アクセス トモテツバス三原福地線のバス停・赤石から徒歩15分で登山口

低地

尾道《おのみち》七《しち》佛《ぶつ》めぐりフットパス

坂と路地の街・尾道の魅力満喫

29 尾道市

コースデータ

徒歩総時間
3～4時間

楽しめる期間
通年

おすすめの季節
秋～春

歩行距離
約6キロ

行程概要
軽いアップダウンが連続する

魅力満喫度

千光寺からの眺め

大山寺入り口

千光寺への路地道

季節感のある路地

浄土寺への道

立ち寄りスポット

浄土寺展望台

時間と体力があれば、浄土寺裏手からの登り道を片道約 30 分歩くと、絶景の展望台に出る。この展望台からは、尾道水道と瀬戸内海の多島美世界が満喫できる。特にサンセット時の景観は絶品である。近くまで車でもアクセスできるため、サンセット観察の際には車でのアプローチを推奨したい。

坂の街・尾道の魅力を満喫

　尾道の街の魅力を３つ挙げよ、と問われたら私はこう答える。「坂道」「寺社」、そして「尾道水道」。ほどよい傾斜のある山腹から点在する寺社の塔や、屋根越しに見え隠れする緩やかな曲線を描く尾道海峡。この景観は、多くの文学や芸術、映画の舞台や素材となってきた。街の至る所にその痕跡は残されている。

　文豪・志賀直哉は『暗夜行路』の草稿をこの街で執筆し、『放浪記』の著者・林芙美子は多感な少女時代をこの街で過ごしている。またこの街は、歌人・中村憲吉の終焉の地でもある。このように多くの文人や歌人らの心を虜にした標高２００メートルに満たない3つの小さな山、千光寺山（大宝山）・西國寺山（愛宕山）、浄土寺山（瑠璃山）の山麓を巡るフットパストレイルが「尾道七佛めぐり」と称せられる巡拝の道である。３山の山麓に点在する7つの寺院（持光寺・天寧寺・千光寺・大山寺・西國寺・浄土寺・海龍寺）の参詣道でもある。

浄土寺山からのサンセットタイム

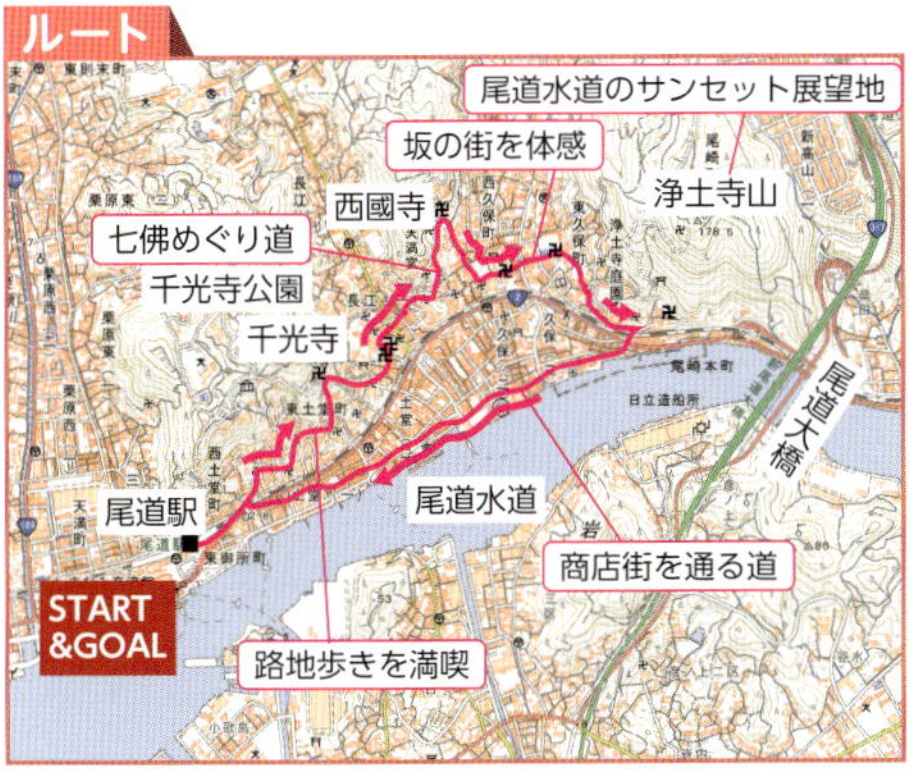

アクセス JR山陽本線尾道駅から歩き始める

低山

白《しら》滝《たき》山《やま》

山頂には五百羅漢の石仏が居並ぶ

万田発酵園地

山頂部の石仏群

山頂展望台

白滝伝説・恋し岩

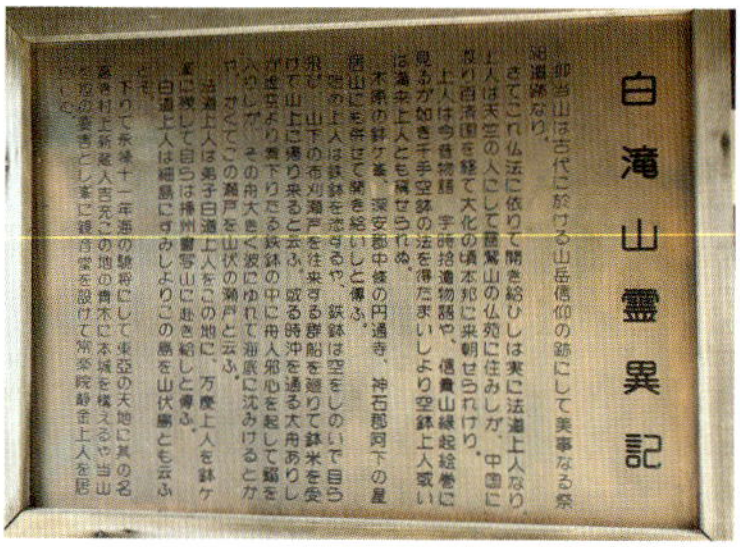

白滝山霊異記・案内板

30 尾道市因島重井町

コースデータ

徒歩総時間
1時間

楽しめる期間
通年

おすすめの季節
秋〜春

歩行距離
約1キロ

標高
226m

魅力満喫度

立ち寄りスポット

万田発酵株式会社 HAKKO パーク

(果)柑橘類、(穀)滋味穀類、(藻)海藻類、(菜)野菜の53種類の原材料から、独自の発酵健康食品を開発していることで著名な万田酵素は因島が発祥の地である。その開発発祥地にあるHAKKOパークでは、万田酵素を与えながら育成された野菜や果物、植物、ヤギなどの動物を見学することもできる。

山頂からの展望

空鉢伝説と悲恋の物語

地元に伝わる白滝山霊異記には、「当山は古代に於ける山岳信仰の跡にして美事なる祭祀遺跡なり」と記されている。この美事なる祭祀遺跡に関連する伝承物語がある。飛鳥時代に百済経由にて渡来した法道《ほうどう》仙人というインド仏教僧が鉢《はち》ケ《が》峰《みね》や星居山《ほしのこやま》（※両山とも本書で紹介している）やこの山で、空に鉢を飛ばす秘術を行ったというものである。その後、法道仙人の弟子である白道上人は細島（因島のすぐ北）のことを、山岳修験を意味する「山伏島」と名付けたという。

　また、山頂にある本堂裏手の「恋《こい》し岩《いわ》」には、悲しい恋の物語が伝えられている。3年後の再会の約束を反故にされた女性が海に身投げをしてしまった。それを知った男が悲嘆にくれていると、女の化身が岩となって現れたという。その岩を男は海から山頂の観音堂まで運び、一生をかけて供養したというのである。後にその岩（恋し岩）に触れると恋が叶うという新たな伝説が生まれるのである。

アクセス 白滝山・表参道駐車場まで車で移動

低山

仙《せん》酔《すい》島《じま》・大《おお》弥《み》山《せん》

仙人が酔うほど美しい島

彦浦から見る、閃きの門

自然観察路

連絡船にて
アプローチ

常夜灯近く（鞆の浦）

海岸遊歩道

31 福山市鞆町

コースデータ

徒歩総時間
2〜3時間

楽しめる期間
通年

おすすめの季節
秋〜春

歩行距離
約4キロ

標高
159m

魅力満喫度

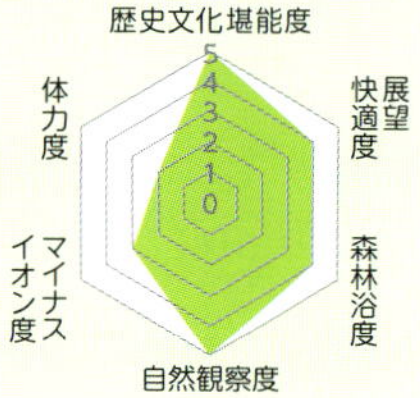

立ち寄りスポット

医王寺からの展望

登山後には、風待ち汐待ちの港町として栄えた、鞆の浦の街並みの散策がお勧めである。特に街の西はずれの山腹にある医王寺まで出かけてみてほしい。「医王寺」の開基は、826年に弘法大師・空海によるとされており、鞆の浦で2番目に古いお寺である。この境内からは、鞆の浦の絶景とともに仙酔島を一望できる。

山頂からの鞆の浦展望

浦島太郎伝説の地

仙酔島の中には、浦島太郎伝説の浜がある。この島からみて瀬戸内海の対岸・香川県の荘内半島にも同様の伝説が残されている。仙酔島から荘内半島までは直線距離にして約30キロ。もしかすると、浦島太郎が海中にて乙姫から饗応を受けた龍宮城は、仙酔島界隈だったのかもしれないと想像するだけでも楽しい。

周囲5キロ程度の仙酔島の最高峰・大弥山。弥山《みせん》と名付けられた山の多くは、山岳修験道となんらかの関係がある。宮島の弥山をはじめ、伯耆大山《ほうきだいせん》、石鎚《いしづち》山《さん》、大峰山《おおみねさん》などである。仙人伝説には、浦島太郎のみならず全国を行脚した山伏らの存在もその背景にあるのかもしれない。

「山紫水明」という言葉は、江戸時代の学者・頼山陽が仙酔島や隣接する瀬戸内海の美しさを見て生み出したという説がある。この島の山、森、浜、そして歴史や伝説に触れると、その説が充分なほど腑に落ちてくるのである。

（※海岸遊歩道は、2025年に利用再開が見込まれている。最新情報を入手のうえで出かけてほしい）

ルート

アクセス　鞆の浦にある福山市営渡船場から船に乗り、約5分で仙酔島に着く

低山

星居山《ほしのこやま》

星降り伝説の里山

山頂展望台

森林公園

登山口

星居山への道路標識

アプローチ道途上にある硯岩

立ち寄りスポット

宝篋印塔（ほうきょういんとう）と展望台

山頂部にある宝篋印塔は謎に包まれている。第 36 代天皇・孝徳天皇の御陵という説、また、播州書寫山圓教寺を開基した性空上人の墓という説もある。そのすぐ横にある展望台からは宝篋印塔を上から眺めることができる。

32 神石郡
神石高原町

コースデータ

徒歩総時間
1時間

楽しめる期間
通年

おすすめの季節
新緑の5～6月・
紅葉の10～11月

歩行距離
1キロ弱

標高
834m

魅力満喫度

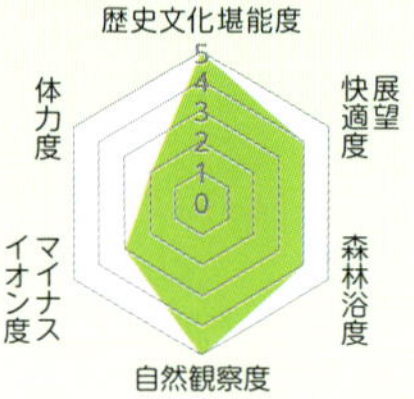

山頂部にある宝篋印塔

星降る伝説と空鉢伝説

往古より、この山には天空から星が降るという現象が起きていたという。それを聞いた孝徳天皇がこの山に登り、「星ノ居山」と命名したといわれている。また、インドからの渡来僧で空鉢伝説の始祖・法道《ほうどう》仙人が飛ばした鉢が、一旦は因島の白滝山へと向かった後、この星居山へと飛んで行ったという伝承も残されている。1700年代に書かれた『精土山星居寺山記』では、山頂に虚空蔵菩薩を祀るお寺があり、法道仙人も滞在していたという記述がある。備後地方での法道仙人伝承によれば、法道仙人は備後地方から播州（兵庫県姫路市）の書写山へと向かったとされている。

現在、森林公園となっている山頂部には立派な宝篋印塔があり、性空上人の墓との説もある。この性空上人とは、兵庫県姫路市にある書寫山圓教寺《しょしゃざんえんきょうじ》を開基した平安時代の天台宗僧侶である。ここでは法道仙人と性空上人の謎に包まれた関係性も出現してくるのである。

ルート

アクセス　星居山森林公園駐車場まで車で移動

低山

釜《かま》峰《みね》山《やま》

地域住民の誇りとなっている里山

山麓からの展望

修行場の岩場

山頂への登り道

登山道にある巨木

人工林の中を歩く

33 庄原市口和町

コースデータ

徒歩総時間
3～4時間

楽しめる期間
降雪期を除く通年

おすすめの季節
11月の芋煮会の日・
新緑の6月

歩行距離
約4キロ

標高
788m

魅力満喫度

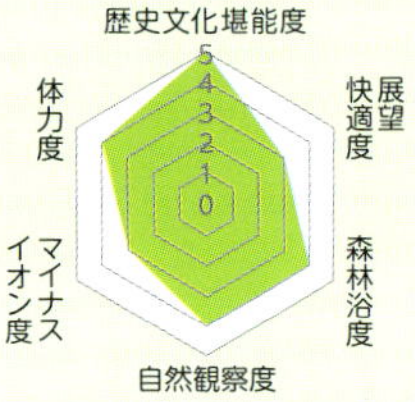

立ち寄りスポット

アベマキ巨木群生林

この山域のほとんどが国有林であり、釜峰山森林浴公園となっている。その中でも、光明寺跡の看板と東屋を過ぎたあたりから広がるアベマキの巨木群生林には圧倒される。樹齢 100 年を超える巨木が林立し、そのスケールは西日本一ともいわれている。

秋の山麓風景

中世の山城跡と山中鹿介修行の洞窟

　戦国時代の武将・湯木一族が居城とした釜峰山城は、山頂から南西に伸びる尾根の先端部（標高６６４ｍ地点）に築かれている。中世の山城とすれば中規模クラスではあるが、城郭から山の山頂部へと続く尾根筋に大小さまざまな七条《ななじょう》の堀切が設けられており、堅固な防御機能を有していたことがわかる。山頂への道は、それらの堀切や曲《くる》輪《わ》、土塁、井戸などの痕跡そばを通過していく貴重な中世山城体感コースとなっているのである。

　また、中腹の断崖にある戦の神として崇められていた釜峰神社の近くには洞窟（巌窟洞）がある。その洞窟は、戦国時代の武将・尼子一族の忠臣であり、「山陰の麒麟児」の異名を取る山中鹿介《やまなかしかのすけ》が修行をしたという伝説も残されている。それだけに地元（口和地区）の人たちにとって、この山は地域の誇りとなっている。毎年11月になると地域住民によって芋煮会やフットパス歩きなどの行事が山里にて開催されている。

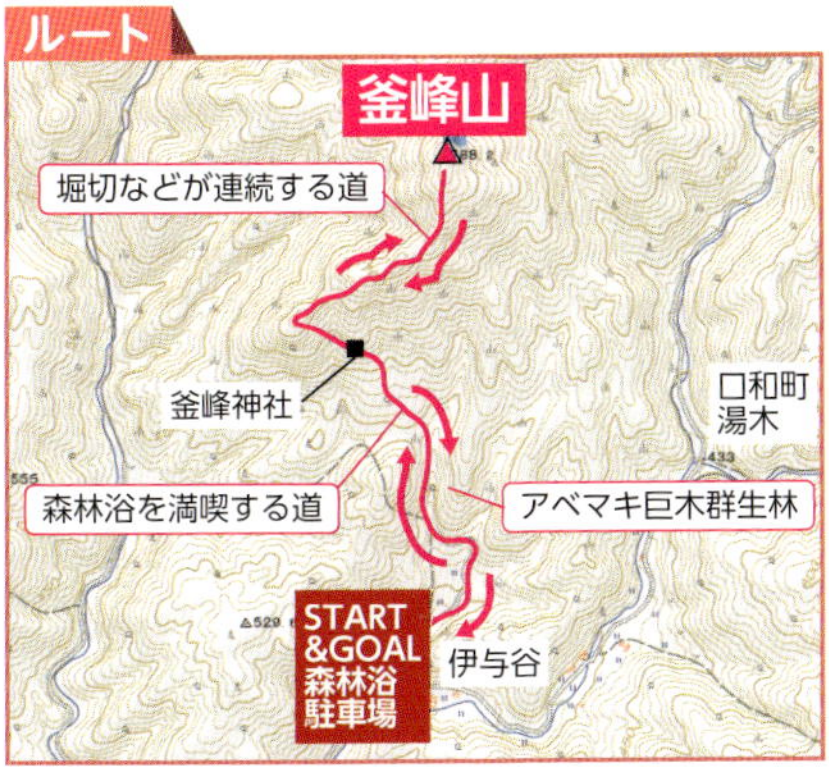

アクセス　釜峰山森林浴公園駐車場まで車で移動

低山

比《ひ》婆《ば》山《やま》

山の霊力を強く感じる山

聖と俗の結界・熊野神社

冬の熊野神社（上部）

ルート上にあるブナの巨樹

吾妻山から眺める比婆山連峰

熊野神社境内（老杉）

34 庄原市西城町・島根県奥出雲町

コースデータ

徒歩総時間
5～6時間

楽しめる期間
降雪期を除く通年

おすすめの季節
秋の紅葉時期

歩行距離
約9キロ

標高
1264m

魅力満喫度

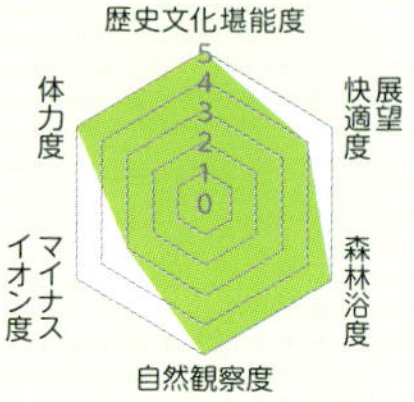

立ち寄りスポット

熊野神社と那智の滝

明治時代初め頃には毎日千人前後が山頂にあるイザナミ墳墓とされる御陵（円丘）を目指したとする記録もある。その主要ルートの結界となる霊域が熊野神社である。境内は杉の巨樹が林立し、「木の霊力」が溢れている。また徒歩 30 分登ると、「水の霊力」が触知できる那智の滝もある。

山頂にあるイザナミ墳墓(推定)

比婆山と古事記神話

この山を歩くたびに、私は「山の霊力」について考えさせられる。日本の里山には、さまざまな営みや物語が秘められており、その歴史的背景を辿りながら歩くことの魅力に勝るものはない。その昔、「美古登山《みことやま》」と地元で呼ばれていた比婆山には、古事記神話という歴史的物語性が色濃く存在している。

古事記神話によると、国生みの女神・イザナミは火の神を産んだ後亡くなり、「出雲国と伯耆国の境にある比婆の山に葬られた」と記されている。山頂部には御陵と呼ばれる円丘があり、御陵石や恵蘇烏帽子岩などの巨石が鎮座している。また、隣接する山「吾妻山《あづまやま》」の名前は、イザナミが葬られた黄泉国《よみのくに》から逃げ帰った国生みの男神・イザナギが「嗚呼、吾が妻よ」と嘆いたことに由来するという説もある。いずれにせよ、この比婆山は古来庶民の崇敬対象となり、善男善女が結界となる麓の熊野神社にて潔斎した後、巡拝登山していた。

アクセス 比婆道後帝釈国定公園ひろしま県民の森まで車で移動

低山

道《どう》後《ご》山《やま》

晴れた日には伯耆大山が望める

道後山への縦走路

空に手が届く

道後山からの下り道

岩樋山山頂

35 庄原市西城町
鳥取県日南町

コースデータ

徒歩総時間
2〜3時間

楽しめる期間
降雪期を除く通年

おすすめの季節
新緑の時期・紅葉の時期

歩行距離
約5キロ

標高
1268m

魅力満喫度

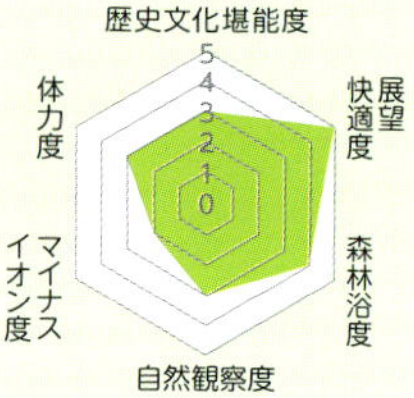

立ち寄りスポット

岩樋山（いわひやま）

道後山山塊の最高峰であり、道後山よりも標高は3m ほど高い。この山頂一帯は、イワカガミやヤマツツジ、アカモノなどの高山植物の宝庫である。また、東方角には草原状の道後山へと続く尾根筋が一望でき、その先には神話の山々（船通山《せんつうざん》・伯耆《ほうき》大山《だいせん》）が翼を広げて展開している。

大山を見ながらの尾根道を歩く

歴史が刻まれた草原の尾根筋

　標高が高いわりには、初心者にも安心して歩ける山容である。１０００ｍを超す尾根筋へも、さほど苦労せずに上がれる。その尾根筋では樹木が一切なくなり山陰の秀峰・伯耆大山までの展望が満喫できるのである。大展望の尾根筋には歴史的背景が存在する。

　江戸時代における安芸国の地誌『芸藩通志』には、この山のことを「山の7合目以上では草木が生えておらず大鷲が棲息している」とも記述されている。道後山や隣接する岩樋山の周囲では、たたら製鉄に必要な砂鉄の元となる石英閃緑岩《せきえいせんりょくがん》が採掘されており、たたら製鉄の製錬用に必要とされた木炭用に使うため、森の乱伐や皆伐の頻度が高かったといわれている。その草原化された尾根筋エリアは、後の時代になり牛の放牧地として活用されるのである。尾根筋の登山道そばには、牛の放牧時に境として積まれた高さ１ｍほどの石塁が当時の姿のまま残されている。

アクセス　登山口である道後山公園月見ヶ丘駐車場まで車で移動

雄橋への道

11 月神龍湖近くの紅葉

花面公園から見る
日本のグランドキャニオン

ダム堰堤の上から遊覧船を見る

神龍湖への道・秋景色

立ち寄りスポット

帝釈峡遊覧船

遊覧船乗り場は、フットパスコースの中間地点である神龍湖湖畔にある。40 分前後の遊覧時間には、フットパスコースの主要か所を水上から眺めることもできる。船着き場の近くには、軽食や喫茶のできるスペースやトイレ、土産コーナーもある。水陸両用車などのアクティビティに関する情報の入手や季節の旬情報も教えてくれる。

低地

帝釈峡《たいしゃくきょう》フットパス

日本のグランドキャニオンを体感

36 庄原市東城町・神石郡神石高原町

コースデータ

徒歩総時間
5～6時間
楽しめる期間
降雪時を除く通年
おすすめの季節
秋の紅葉時期
歩行距離
約10キロ
行程概要
標高差は約100m以内の峡谷沿いの道

魅力満喫度

これから脚光を浴びていくフットパスルート

国の名勝にも指定されている比婆道後帝釈国定公園の主要景勝地の帝釈峡は、庄原市東城町と神石郡神石高原町にまたがる全長約18キロの大峡谷である。大きく上帝釈と下帝釈に分かれるが、今回のコースは、欲張って双方に跨る景勝地巡りである。

上帝釈では高さ40mの岩の天然橋・雄橋《おんばし》、断魚渓《だんぎょけい》からダム湖百選にも選ばれている神龍湖へと至る道である。後半は、静寂な空気が漂う下帝釈のコースとなる。立ち寄り先には、高さ250mの太郎岩をはじめとする日本のグランドキャニオンと称せられる大岸壁群を俯瞰できる花《はな》面《づら》公園もある。また、神石高原町永野地区にある廃校となった小学校を活用した地域おこし活動の拠点でも一息いれたい。最後の圧巻は、高さ62m強の帝釈川ダム堰堤の横断である。

このルートはほとんど知られておらず、帝釈峡の新しい魅力スポットとして今後脚光を浴びていくだろう。

ダム堰堤を横断する

ルート

アクセス　中国自動車道東城 IC から車で約 15 分で上帝釈入り口

低山

葦《あし》嶽《たけ》山《やま》

日本ピラミッド伝説の里山

37 庄原市本村町

コースデータ

徒歩総時間
2～3時間

楽しめる期間
降雪期を除く通年

おすすめの季節
秋の紅葉時期

歩行距離
約3キロ

標高
815m

魅力満喫度

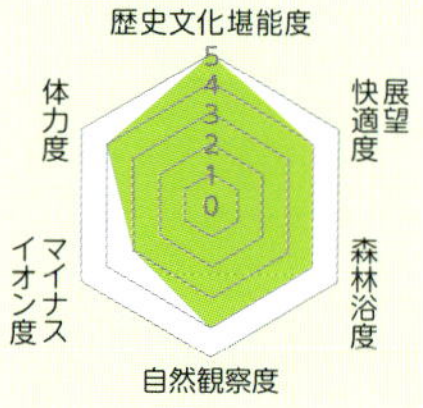

鏡岩

ドルメン

方位石

獅子岩

立ち寄りスポット

鬼叫山（ききょうざん）の奇岩群

葦嶽山の拝殿とされる鬼叫山山麓には、奇妙な形をした巨大な岩が点在している。方位を示すために溝が彫られたといわれる方位石、ライオンの顔に似せた獅子岩、供え物台と推定されたドルメン、そして高さ6mにも及ぶ神武岩などから伝わる沈黙の圧力には、思わずたじろいでしまうことだろう。

神武岩

酒井勝軍《かつとき》という痛快無比な人物

この山の魅力を語るうえで欠かせない一人の人物がいる。日本の超古代へ気宇壮大なロマンを馳せ、痛快無比な人生を送ったその人の名は「酒井勝軍」。明治7年山形県に生まれた酒井の波乱万丈人生は、20歳代半ばでのアメリカ・シカゴ音楽大学への留学からはじまる。語学の才能をかわれ日露戦争に通訳として従軍する頃から、ユダヤ民族の研究者としても名を知られていく。そして、昭和2年に陸軍からの派遣でパレスチナやエジプトを訪問する。このときからピラミッドへの研究がはじまる。中東から帰国後、ピラミッドは日本が発祥とする仮説をたて、その検証のため日本各地を調査していくのである。そして昭和9年に、この葦嶽山を最初の日本ピラミッドとして新聞で紹介した。ピラミッド伝説は一大ブームとなり、葦嶽山の知名度は全国区となったのである。

酒井の説では、葦嶽山は世界最古のピラミッド本殿であり、鬼叫山がその拝殿とされている。

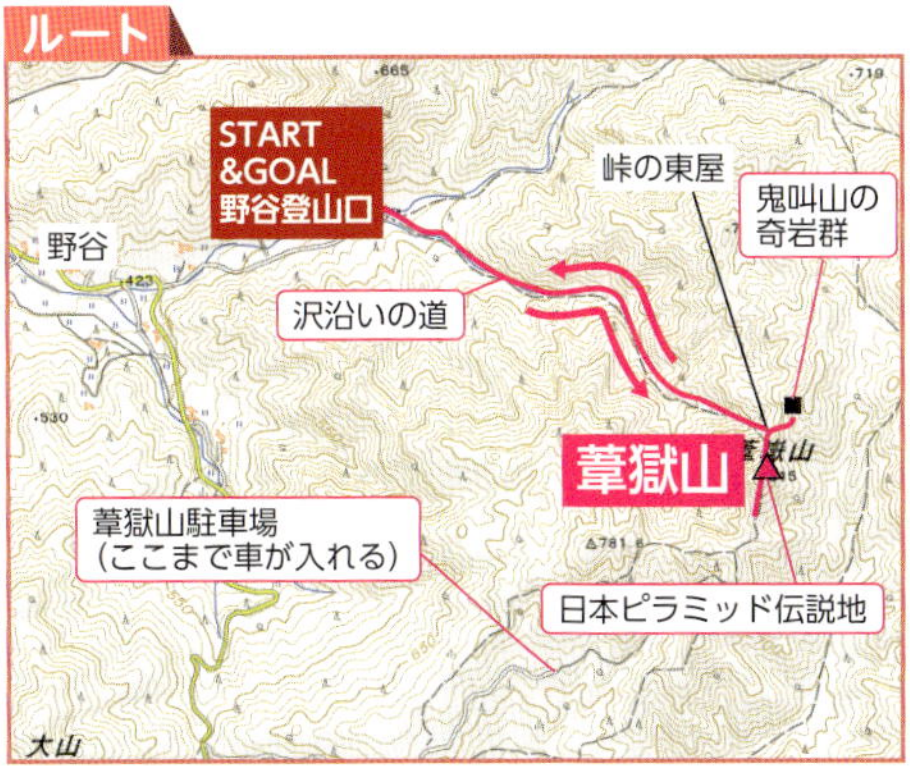

アクセス 野谷登山口まで車で移動

低山

龍《りゅう》頭《ず》山《やま》

広島藩お抱え絵師・岡岷山が惚れた山域

山頂からの展望

紅葉を愛でながら歩く

整備された山道

龍頭観音

駒ヶ滝を見上げる

38 山県郡
北広島町
（豊平地域）

コースデータ

徒歩総時間
3～4時間

楽しめる期間
通年

おすすめの季節
新緑・紅葉時期

歩行距離
約5キロ

標高
928m

魅力満喫度

立ち寄りスポット

岡岷山（おかみんざん）が惚れ込んだ駒ヶ滝

広島藩のお抱え絵師・岡岷山が寛政9年（1797）に、7泊8日の旅を日記と風景写生に記録した2冊が『都志見往来日記・同諸勝図』である。この旅行の動機として「名高き飛泉なれば、その真景を写さんと欲するの志、多年やむことなし」と書かれている。この飛泉が、駒ヶ滝なのである。

滝つぼでの飛沫浴

龍伝説の山

龍は古来、想像上の生き物であり、その歴史は古い。中国では紀元前14世紀・殷王朝《インオウチョウ》の頃、龍に相応する甲骨文字がすでに存在したともいわれている。そして龍は水棲の生き物とされ、水の持つエネルギーのシンボル的な存在ともされてきた。日本でも同じ考えのもと、龍は水がもたらす豊穣の象徴ともなってきた。その龍の頭を冠に持つこの山は、江戸時代には地元において「龍水山」とも呼ばれていたようである。すなわち、「豊穣」の源である龍の水＝滝がこの山の麓にあり、広島城下にもその名が知られていた。

その滝の名は「駒ヶ滝」。鎌倉時代におきた宇治川の戦いにおいて、先陣争いをした名馬（駒）がこの山麓を駆け巡って育ったという伝説から命名されたという。また、安芸国の地誌『芸藩通志』には、平安時代に弘法大師・空海がこの地を訪れたとの伝えがあることや、滝裏の窟に石仏像があり、滝の別称が観音滝であることも記述されている。

ルート

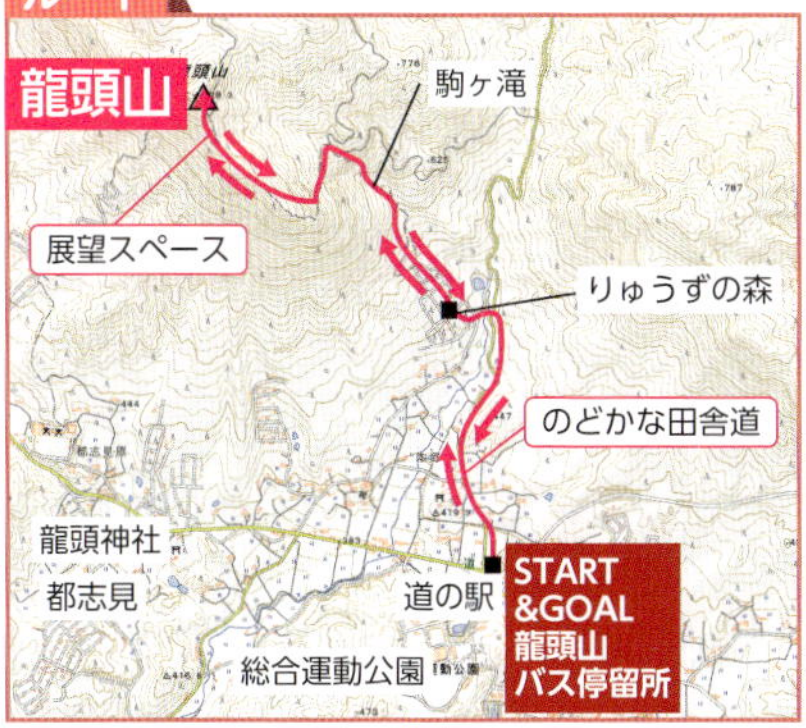

アクセス 龍頭山バス停から徒歩 30 分で登山口

低山

雲《うん》月《げつ》山《さん》

牧歌的な山の佇まい

空が近い尾根筋

秋はススキ模様

登山口駐車場

雲月山山頂

整備された尾根筋道

39 山県郡北広島町（芸北地域）・島根県浜田市（金城地域）

コースデータ

徒歩総時間
1～2時間

楽しめる期間
降雪時を除く通年

おすすめの季節
ススキの穂が揺れる秋

歩行距離
約3キロ

標高
911m

魅力満喫度

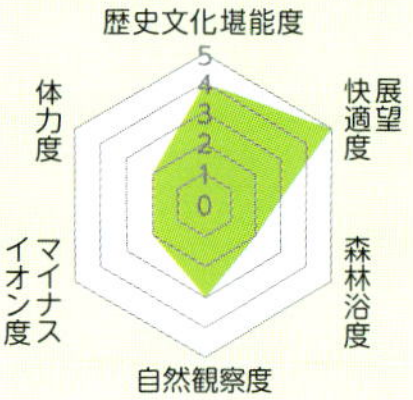

立ち寄りスポット

浄謙寺

登山口への途上にある400年前後の歴史を持つ浄土真宗の古刹である。地元の旬の野菜で作ったイタリアン精進料理を楽しめる。食事の前には読経し、法話を聞くことができる。最後はお抹茶をいただくという流れである。

※4月中旬～12月中旬までの毎週金土日、予約制、祝日休業、法事等により臨時休業あり。（2025年1～5月は寺の一部改修工事のため休業）

広々とした山頂

さまざまな名前を有した歴史

安芸国の地誌『芸藩通志』に「遠見所が設置されていた」、という記述が見られることからも、島根県との県境に位置するこの山域は、昔から展望のいい山容をしていたことが覗える。通説には、山の呼び名はもともと「うつつきやま」であったが、その後「うづき山」や「うづつき山」「うんげつ山」など、各種の呼び名が使われ始めたようである。そこで1963年、当時の地元自治体（広島県旧芸北町・島根県旧金城村）との協議のうえ、「うんげつさん」で統一されたとのことである。

その名が示すように、山頂付近からの展望は、まさに雲の上で月見をするくらいの壮大な空間的スケールである。その展望を可能にしている大きな要因として、主に山の南側に広がる壮大な大草原景観がある。また山腹には、たたら製鉄のかんな流し用の溝の跡などもあり、少なくとも700年前後の間、草原的景観が維持されてきたと推察される。春には山焼きも行われている。

アクセス 展望台下駐車場まで車で移動

広島県

低山

天《てん》上《じょう》山《ざん》

天空の歳時記ワールドが展開

40

山県郡
安芸太田町・
広島市佐伯区
湯来町

コースデータ

徒歩総時間
4～5時間

楽しめる期間
降雪時を除く通年

おすすめの季節
秋の紅葉時期

歩行距離
約7キロ

標高
972m

魅力満喫度

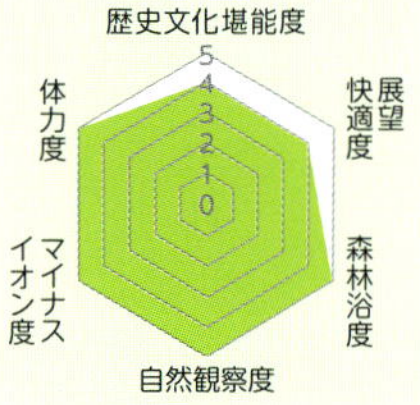

日本の棚田百選・井仁の棚田

苔むした登り道（秘境 100 選の森）

登山口の標識

ツガの巨樹（引き明けの森）

奥の滝（龍頭峡）

立ち寄りスポット

日本の棚田百選。井仁(いに)の棚田

農林水産省によって 1999 年に選ばれた「日本の棚田百選」。広島県で唯一選出されたのが、天上山からさほど遠くない山並みに展開する井仁の棚田風景である。600 年前後の歴史がある僻地の小さな山村の標高は約 500 メートル。その山肌には、穏やかで緩やかな棚田の曲線美が広がっている。

秘境感漂うトレイル道

天上世界への誘い

この山は奥深い魅力に溢れている。まずはその名前である。天上世界への憧憬が込められた山名は、地域住民にとって神聖な領域であったに違いない。『日本山名総覧』（白山書房）によると、天上山という名は、全国に４つしかない珍しい山名である。そのすべては、俗世からは隔絶された辺境地にある。

東京都神津島（５７１ｍ）、新潟県津南町（５８２ｍ）、奈良県十津川村（８１７ｍ）。４つの中で一番標高が高いのがこの山である。さらにこの山域には、１９８９年に作家の椎名誠やＣＷニコル、立松和平らによって全国から選出された「日本の秘境１００選」にリストアップされた「引き明けの森」がある。炭焼き用に適さなかったツガやモミなど、樹齢４００年前後の巨木・古木群が原生的天然林となって残されている。その天上山から流れくる清冽な水脈が集まるのが龍頭峡であり、四季折々に変化する森、滝、棚田が織り成す天空の歳時記ワールドが展開している。

アクセス　龍頭峡最奥駐車スペースまで車で移動

春の山焼き

山頂ちかく

登山口付近

山頂標識

森の休憩スペース

低山

深《しん》入《にゅう》山《ざん》

太古の時代からの地殻変動を俯瞰

41 山県郡
安芸太田町

コースデータ

徒歩総時間
2〜3時間

楽しめる期間
降雪時を除いた通年

おすすめの季節
新緑の6月・
秋の紅葉時期

歩行距離
約4キロ

標高
1153m

魅力満喫度

立ち寄りスポット

深入山セラピーロード

「都会の縁側・養生の里」をキャッチコピーとする安芸太田町は、広島県初の森林セラピー基地認定を受けた自治体である。町内には4つのセラピーロードが設定されており、深入山山麓の森にもその1つがある。山頂までのルートにおいてはその一部を歩くことができ、草原と森の双方からの癒し効果を味わえる。

山頂と秋の空

壮大な地球の営み景観と草原の歩み

広島県最高峰・恐《おそ》羅《ら》漢《かん》山麓の横川断層や、国の名勝・三段峡を素因とする板ケ谷や立岩断層群などによって形成された山岳・峡谷の絶景が山頂から３６０度の大パノラマによって満喫できる。かつては、山名が示す通り、人里から離れた深い山であった。そんな奥深い山域では、明治時代以前から肥草やワラビなどを採取するために山焼きが行われてきた歴史があり、その結果、現在のような広大な草原が形成されてきたのである。

昭和30年代までは、この草原が放牧場として活用されていた。現在でも名残として放牧用の土塁が山麓に残っている。近年では、火入れによって病害虫を駆除し、希少な在来植物など生態系の維持を図る目的で、毎年春に山焼き行事が行われている。その影響もあり、２０１０年代後半時点でも76科２８２種もの維《い》管《かん》束《そく》植物相が記録されている貴重な里山である。

ルート

アクセス いこいの村ひろしま駐車場まで車で移動

低山

市《いち》間《ま》山《やま》

妖精が集う天空のブナ林

42 山県郡
安芸太田町

コースデータ

徒歩総時間
4～5時間

楽しめる期間
降雪期を除く通年

おすすめの季節
秋の紅葉時期

歩行距離
約7キロ

標高
1108m

魅力満喫度

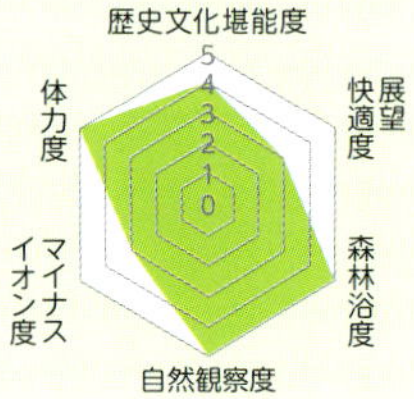

ふかふかの落ち葉の道をゆく

見上げると色彩美世界

ブナの巨樹を見上げる

夏のブナ林

立岩山からの大展望

立ち寄りスポット

立岩山

時間と体力に余裕があれば、稜線筋にある立岩山まで足を伸ばしてほしい。かつてこの稜線筋は山岳修験者らが通過した山岳路でもある。山頂部近くには、山名の由来となっている巨岩があり、その岩に彫られた観音像は地元民が古くから信仰していたといわれている。

妖精の囁きが聞こえる森

コモンズ（共有財）の風土が残るブナ林

市間山から立岩山への稜線沿いにあるブナ林は、安芸太田町の筒賀財産区（旧・筒賀村村有林）と称せられる森林帯の一部分である。筒賀財産区は、江戸時代の「入会山《いりあいやま》」に始まり、明治23年には、旧筒賀村村有林に指定された歴史を持つ。旧筒賀村は、古来「山で暮らしを建てる」という文化的土壌が継承されてきた。入会山から村有林へと、森林からの恵みをコモンズ（共有財）とし、林業などの経済活動のみならず、防水害対策など公共施策へも多大な還元効果をもたらした。すなわち自然と人が織りなした「地域が誇る固有のアイデンティティ的景観資源」ともいえるだろう。

妖精が集う天空のブナ林の魅力とは、地域に住む人々によって継承されてきた、「こころの誇り景観」なのだということである。「風土」とは、こころの誇り景観が絶えることなく蓄積していく過程で醸成されていくものなのだ。

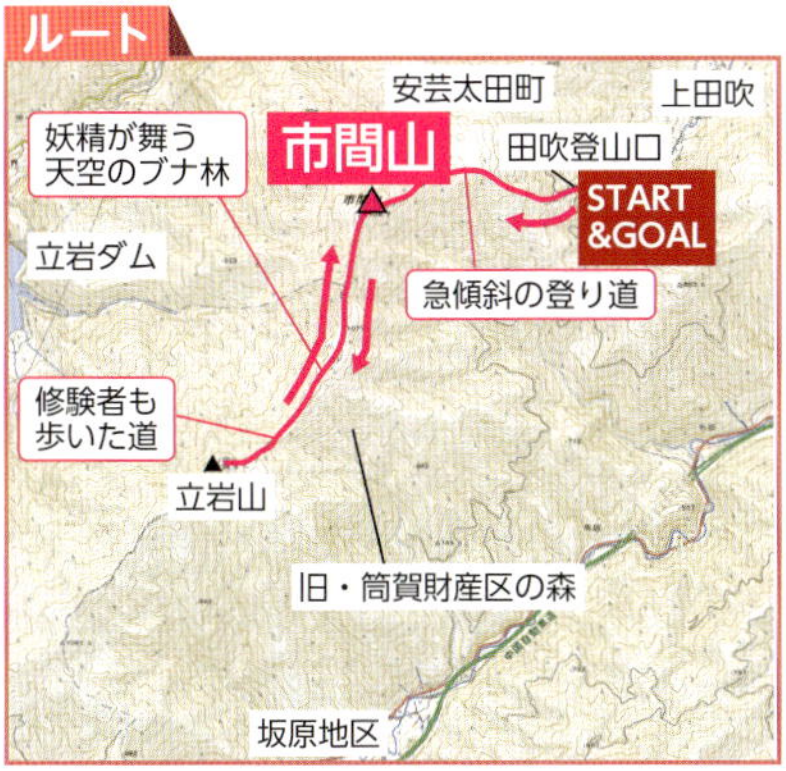

アクセス 中国自動車道戸河内ICから田吹登山口まで車で約30分

春・太田川沿いの廃線駅（旧安野駅）

戸河内刳物の制作工房にて

戸河内刳物の職人
横畠文夫さん

9月の渓谷沿いに
咲くツチアケビ

瀬戸の滝への最終アプローチ

低地

太《おお》田《た》川《がわ》上《じょう》流《りゅう》域《いき》フットパス

広島市民の命の水源を辿る

㊸ 山県郡
安芸太田町・
㊹ 廿日市市吉和

コースデータ

徒歩総時間
各1〜2時間

楽しめる期間
降雪期を除く通年

おすすめの季節
㊸は6月新緑・11月紅葉の季節、㊹は桜開花時期

歩行距離
各約4〜5キロ

行程概要
各標高差100m以内の道

魅力満喫度

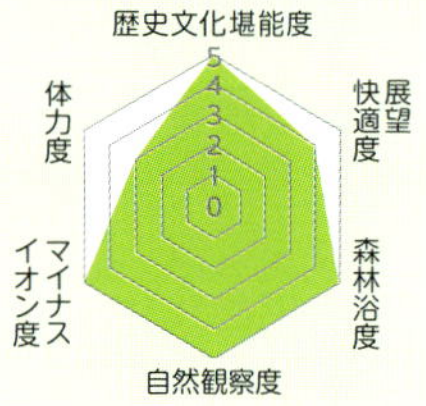

立ち寄りスポット

安芸ノ木杓子 横畠工芸（安芸太田町吉和郷）

広島県指定伝統的工芸品である戸《と》河《ごう》内《ち》刳物《くりもの》は、しゃもじなどを生産する宮島細工と深い関係性がある。この地は宮島細工の素材の供給地であり、大正時代初期に職人が移住し、その技を伝授したのである。現在でも、ノミや槍鉋《やりがんな》と呼ばれる伝統的な専用道具を使用して、杓《しゃく》子《し》などを手作りで仕上げている。

㊸源流域の環境と木地師の文化圏を辿る

太田川源流域にある落差49ｍの二段滝・瀬戸の滝周辺は、透明度の高い水と特別天然記念物オオサンショウウオが生息する希少な生態系を保持している。また、木地師の里であった那須集落では、上流域での木の文化を偲ぶことができる。

㊹落ち鮎漁の沈下橋と廃線駅の風情を辿る

太田川では貴重な沈下橋が現存しており、橋のたもとの集落では、伝統的な落ち鮎漁が継承されている。また、JRの廃線駅・旧安野駅は、地域住民による植樹や花づくり活動によって、桜開花時期（季節限定）の日本一美しい廃線駅といわれている。

沈下橋（程原橋）

ルート

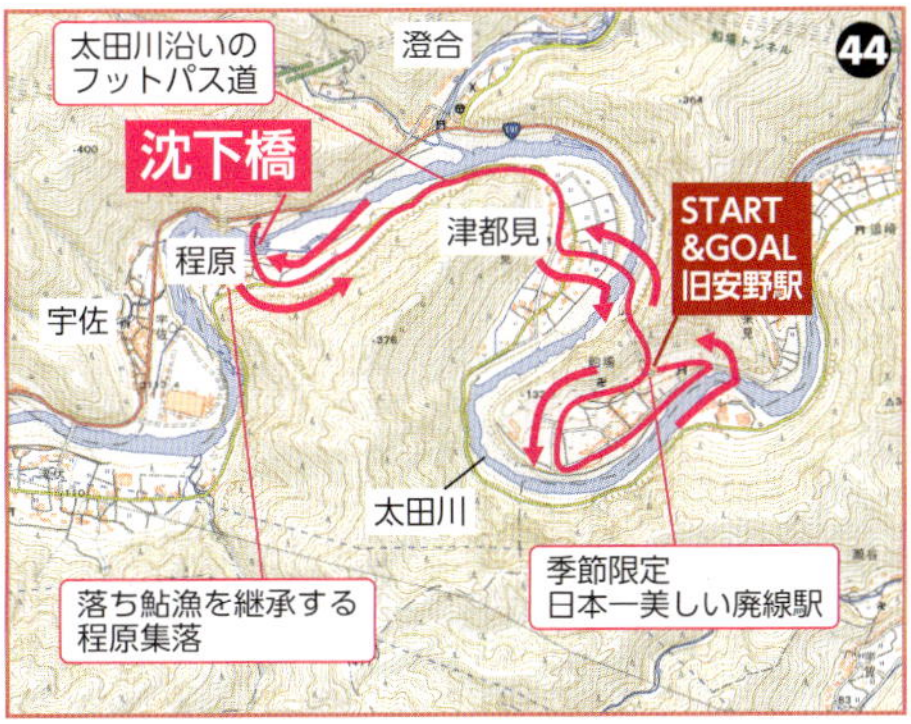

アクセス ㊸歩き始めの地点（立岩ダム・那須集落）まで車で移動
㊹歩き始めの地点（JR 可部線旧安野駅）まで車で移動

低地

恐《おそ》羅《ら》漢《かん》山《さん》麓《ろく》フットパス

広島県最高峰の山麓でのフットパス

森林セラピーロードを歩く

巨樹が林立する

芸北民俗博物館

台所原への道

秋の恐羅漢山山麓

45 山県郡安芸太田町・島根県益田市

コースデータ

徒歩総時間
3～4時間

楽しめる期間
降雪期を除く通年

おすすめの季節
新緑の5～6月・紅葉の10～11月

歩行距離
約5キロ

行程概要
標高差約100m前後の森の道

魅力満喫度

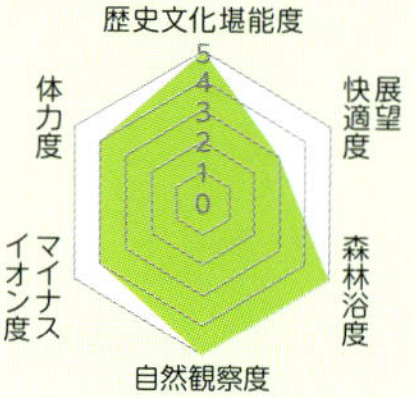

立ち寄りスポット

芸北民俗博物館

ダムの建設によって湖底に沈んだ樽床集落などで使用されていた生活用具を収蔵・展示している。西中国山地の森林文化圏の習俗を伝承する貴重な博物館である。恐羅漢山の豊かな森に抱かれた後には、その森林環境で生きてきた先人たちが編み出した「営みの知恵」の数々に触れてみたいものである。

秋の台所原

県内最高クラスの森の癒し場

県内最高峰となると、その山頂へ登るという意識が先行しがちである。しかし、そのプロセス段階にある奥深い森の魅力も忘れてはならない。ここでは、あえて山頂は目指さず、巨樹の森がもたらす癒し効果を体感するフットパスを紹介する。まずは、広島県初の森林セラピーロードから歩みを始める。夏焼《なつやけ》峠までの小径には、セラピー体験ができるポイントが点在している。

恐羅漢山の西山麓にある台所原には、直径1m高さ20mを超えるブナの巨樹群をはじめ、ケヤキやミズナラの美しい森が展開している。ここは恐羅漢山へのメインとなる登山道からは外れているため、訪れる人は少ない。それだけに神秘的な幽玄さが保たれており、県内最高クラスの森の癒し場となっている。特に秋の紅葉時期には、鮮やかな錦絵のような錦秋世界が出迎えてくれる。ただし、熊の出没と同時期となるので、十分な注意が必要である。

ルート

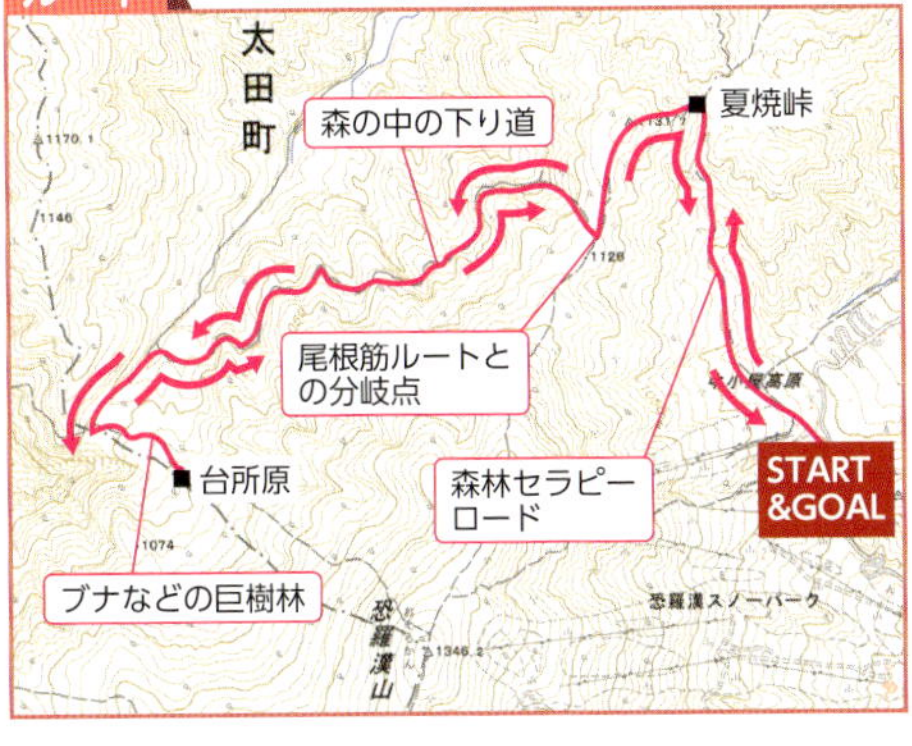

アクセス 歩き始め地点・恐羅漢エコロジーキャンプ場まで車で移動

低山

月山《がっさん》

日本五大山城の1つを歩く

46 安来市広瀬町

コースデータ

徒歩総時間
2～3時間

楽しめる期間
通年

おすすめの季節
桜の開花時期

歩行距離
約3キロ

標高
184m

魅力満喫度

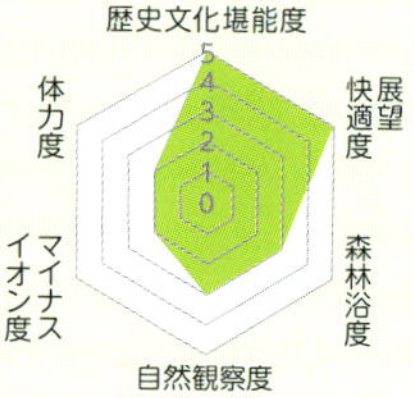

山頂部にある勝日高守神社

資料館

城内の木の根道

大手門跡

七曲り

立ち寄りスポット

安来市立歴史資料館

月山富田城《とだじょう》の城主だった尼子・毛利・堀尾3氏にかかわる遺物資料のみならず、安来市の古代から近世にかけての歴史を、大きく3つの時代区分した各分野の展示物を閲覧できる。月山富田城跡への登り口にある道の駅のすぐそばに建っており、山城見学登山の前後に立ち寄りたい。

桜満開と山中鹿介像

尼子氏の悲劇を物語る山城

標高190m弱の月山の一帯に築城されたこの山城は、戦国時代屈指の難攻不落の要害として知られ、山陰・山陽11州を手中に収めた尼子氏歴代が本城としていた。その後、永禄9年（1566）に安芸国の毛利元就軍の侵攻を受け、兵糧攻めの末に敗北したという歴史を持つ。

敗北後も、尼子家臣であった通称・山中鹿介《やまなかしかのすけ》＝山中幸盛らによる尼子氏再興運動が展開され、忠臣の鏡として後世に語り継がれている。明治時代に入り、山中鹿介の記念碑が城内に建立された。また、城内には太鼓を打ち鳴らし合図を送る場所であった「太鼓壇《たいこのだん》」をはじめ、「山中御殿」「花ノ壇」「千畳平」などの旧跡が残り、往時の繁栄を静かに物語っている。

山頂エリアには、古事記にも記載された大己貴命《オオナムチノミコト》を祀る勝日《かつひ》高守《たかもり》神社の社がある。月山上部からは、東北方角に煌めく中海の海面まで一望することができる。

低山

玉峰山《たまみねさん》

玉造の神が宿る霊山

47 仁多郡
奥出雲町亀嵩

コースデータ

徒歩総時間
4～5時間

楽しめる期間
降雪時期を除いた通年

おすすめの季節
秋の紅葉時期

歩行距離
約4キロ

標高
820m

魅力満喫度

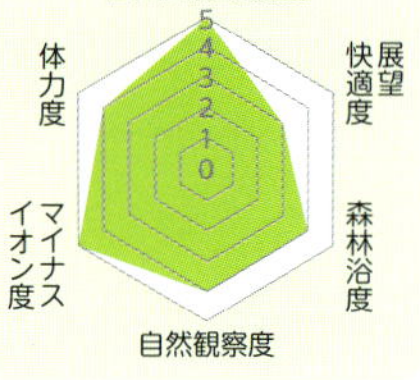

山頂付近からの眺望

登山口

雄滝

湯野神社入り口

森の中を登る

立ち寄りスポット

湯野神社

登山口から車で5分くらいの場所にあるこの神社は、近くにある亀嵩《かめだけ》温泉の「医薬の守護神」として推定1300年以上という長い歴史を持つ。近年では松本清張の小説『砂の器』の冒頭部分に記述され、映画のロケ地にもなっている。神社参道入り口には昭和58年(1983)松本清張の揮毫による記念碑も建立されている。

小窓岩

勾玉《まがたま》原石産出の伝説地

山陰で有名な玉造温泉の「玉《たま》造《つくり》」との関係性は深いものがある。この山に宿るとされていた、玉造りの神は『出雲国風土記』に記されている。先史・古代の日本における装身具の1つである「勾玉」は、祭祀にも用いられたといわれている。その勾玉の原石を産出する場所と伝えられているのが、この山なのである。確かに、この山を歩いていると、冷厳な滝、清澄な沢筋、さらには威容を誇る巨石群など、山の持つ「神話的霊力」に圧倒される。

水の霊性との出会いは、歩き始めてすぐに訪れる「雄滝《おだき》」である。このマイナスイオンを浴びて登山者の心身は清められる。さらに歩を進めていくと、次第に勾配率をあげながら巨岩群の森へと誘われていく。まるでそこは古代の巨石文明に触れるワンダーランドといった雰囲気である。

古来この山を訪れた人々は、その霊験さに頭を垂れてきたに違いない。

アクセス 玉峰山登山口駐車場まで車で移動

低山

船《せん》通《つう》山《ざん》

ヤマタノオロチの棲息地

日刀保たたら操業風景

山頂

ヤマタノオロチの棲み処・鳥上滝

天叢雲剣出顕の石碑

山頂遊歩道

48 仁多郡奥出雲町・鳥取県日南町

コースデータ

徒歩総時間
4〜5時間

楽しめる期間
降雪時期を除いた通年

おすすめの季節
カタクリ咲く4月下旬・紅葉時期

歩行距離
約10キロ

標高
1142m

魅力満喫度

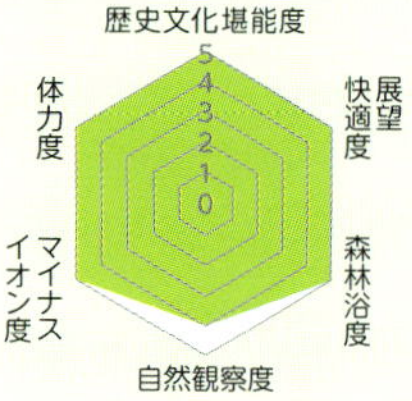

立ち寄りスポット

日刀保(にっとうほ)たたら

日本美術刀剣保存協会が、日立金属株式会社・株式会社鳥上木炭銑工場の協力のもとに、古代製鉄法である「たたら操業」を現代に継承する日本唯一の制作工房である。日本刀の素材である「玉鋼《たまはがね》」は、ここでしか産出できない。

カタクリ群生地

ヤマタノオロチと古代たたら製鉄

山深い場所にありながら、山名に「船が通る」意味を持つ不思議さは、この山を源流とする斐伊川《ひいかわ》が大きく関与している。斐伊川は降雨時によく氾濫し、暴れ川としてその名を馳せていたという。その暴れ川を「ヤマタノオロチ」と置き換え、その氾濫する川を治水するための技能集団、もしくはその集団のリーダーを「スサノオの命《みこと》」とする伝承が出雲神話にある。その大陸・半島より渡来した技術者集団は、（船）に乗って上流域まで（通）ってきたのだろう。

上流地域である奥出雲地方では、古来「たたら製鉄」が営まれてきた。技術者集団は同時に製鉄技法も伝えてきたのだろう。氾濫する斐伊川を象徴する大蛇「ヤマタノオロチ」が棲んでいたと伝承される滝は、「鳥《とり》上滝《かみたき》」と呼ばれ、この山の山麓にある。山頂部には大蛇の尾から出顕した「天叢雲剣《あめのむらくものつるぎ》」を記念する石碑が建っている。その近くには中国山地有数のカタクリ群生地が広がる。

アクセス　船通山・亀石駐車場まで車で移動

小豆原埋没林

リフトでのアプローチ

秋の縦走路

室の内へと下る道

孫三瓶山山頂

島根県

低山

孫《まご》三《さん》瓶《べ》山《さん》

名峰・三瓶山のカルデラ巡り

49 大田市三瓶町

コースデータ

徒歩総時間
3〜4時間

楽しめる期間
降雪期を除く通年

おすすめの季節
紅葉の季節
（10月下旬〜11月初旬）

歩行距離
約4キロ

標高
903m

魅力満喫度

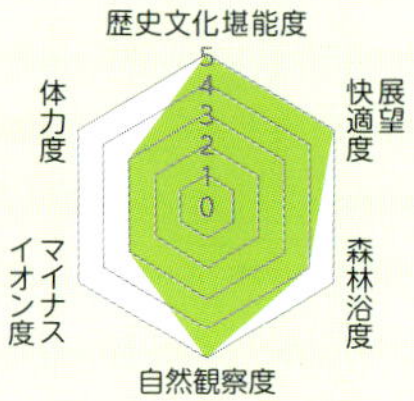

立ち寄りスポット

さんべ縄文の森ミュージアム（三瓶小豆原埋没林公園）

登山口から車で約20分の場所にある。約4000年前、三瓶山からの噴火による火山灰が一帯の森を覆い、地中に埋没させていたのである。さんべ縄文の森ミュージアムでは、火山灰に埋もれて地中に眠っていた巨木群が発掘状態で展示されており、地中から聳え立つ姿は圧巻である。

秋の室の内

国引き神話の山塊を巡る

太古の時代には陸地から離れて島状態であったといわれる島根半島。その島根半島を2つの綱で引き寄せた物語が『国引き神話』である。その2つの綱を留めた2本の杭が、伯耆大山《ほうきだいせん》と三瓶山だといわれている。それだけ山陰地方においては、伯耆大山とともに圧倒的な存在感を示す山塊が三瓶山なのである。出雲大社のある出雲平野からもこの山塊を遠望することができる。古代出雲人にとっても、この山は大きな存在感を持つ霊山であったはずだろう。

三瓶山塊は直径5キロのカルデラ内に男三瓶山、女三瓶山、子三瓶山、孫三瓶山、大平山《たいへいざん》、日影山の6つの峰が「室《むろ》の内《うち》」と呼ばれる火口湖を囲むように並んでいる。室の内の東側に位置する「大平山」は、火口からの火山礫・火山灰などの火砕物が堆積することで形成された火山砕屑丘である。その大平山山頂部近くまではリフトによってのアプローチが可能である。

アクセス 三瓶山東の原まで車で移動し、リフト（冬期休業）で大平山へアプローチ

邑南町矢上エリア（於保知盆地）の俯瞰

志都の岩屋へのスタート地点

送風機械室跡への道

久喜銀山跡の間歩

9 月 志都の岩屋への道

低地

邑《おお》南《なん》町《ちょう》（古代から近代）の風土史フットパス

神話世界とたたら製鉄・銀山の跡地を巡る

50 51 邑智郡邑南町

コースデータ

徒歩総時間
各約2～3時間

楽しめる期間
降雪期を除く通年

おすすめの季節
桜開花時期・紅葉の秋

歩行距離
50約3キロ(片道)
51約6キロ

行程概要
各コースとも標高差100m前後の田舎道

魅力満喫度

立ち寄りスポット

昭和時代の間歩（まぶ）が残る岩屋地区

鉱山の歴史は昭和時代にも存在している。その痕跡が色濃く残るのが岩屋地区である。この地区は昭和 26 年「久喜鉱業所」による再開発があり、昭和時代の間歩が遺されている。特に間歩内へ風を送っていた送風機械の残存風景は往時を偲ばせるものがある。

50 矢上《やがみ》地区

豊かな田園風景が広がる於保知《おほち》盆地には、こんもりとした小山が点在している。これは「鉄穴残丘《かんなざんきゅう》」と呼ばれ、たたら製鉄時の「鉄穴流し」によってつくられた人工的な地形である。矢上地区では、全農地面積の約3割が鉄穴流し跡地であるとされている。そんな稀有な土地を歩きながら巡る。

51 志都の岩屋から久喜・大林地区

万葉集にも詠われた「志都《しづ》の岩屋」は、巨岩・奇岩が連なる弥山という聖山の麓にある。拝殿の裏手には、「鏡岩」という巨大な一枚岩がある。「志都の岩屋」にて古代にタイムトリップした後は、（中世）（近世）（近代）と、日本の鉱山史が辿れる「久喜銀山跡」一帯の鉱山遺構群を歩きながら巡る。

諏訪神社参道

ルート

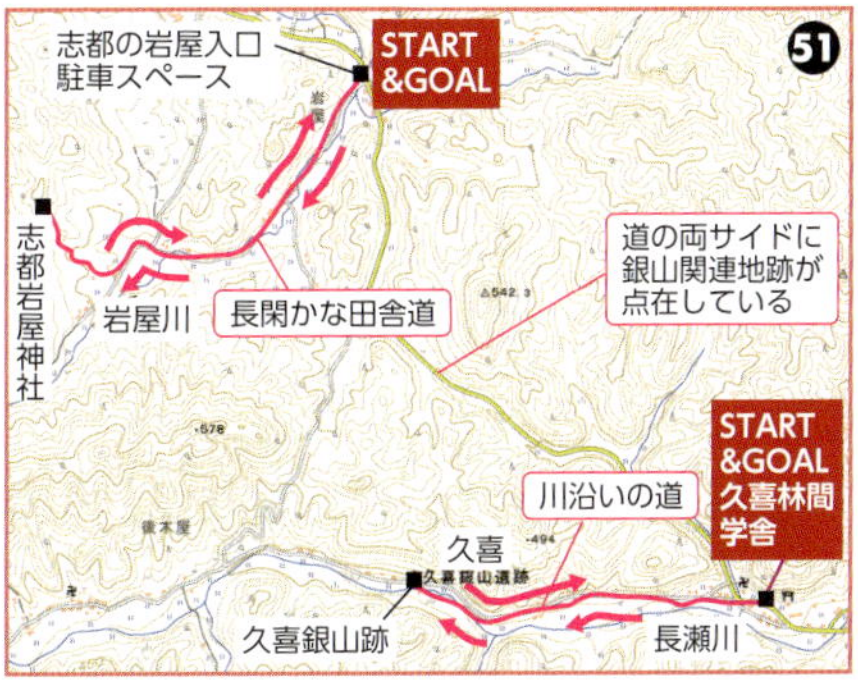

アクセス 50 51ともに、歩き始め地点（香木の森公園、志都の岩屋入口、久喜林間学舎）まで車で移動

低山

津《つ》和《わ》野《の》城《じょう》跡《あと》（霊亀山山麓）

小京都津和野を一望できる天空の城跡

52 鹿足郡
津和野町

コースデータ

徒歩総時間
4～5時間

楽しめる期間
通年

おすすめの季節
秋の紅葉時期

歩行距離
約7キロ

標高
347m

魅力満喫度

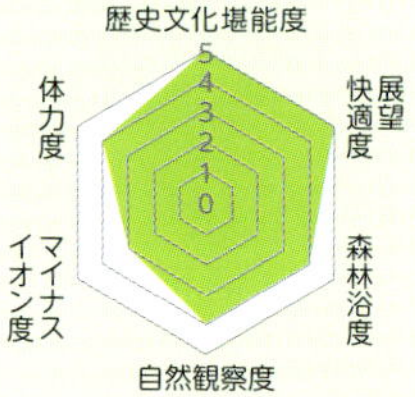

秋の乙女峠マリア聖堂

見事な石積み城壁群

登山口にある鷲原八幡宮

城跡からの津和野の街並みと青野山

立ち寄りスポット

乙女峠マリア聖堂

明治時代初期に長崎浦上においてキリスト教徒が検挙され、日本各地の諸藩へと配流となった。「浦上四番崩れ」と呼ばれるキリシタン弾圧事件である。その際、津和野藩へも153名が移送され、改宗の強要に伴う拷問により37名が殉教者となった。その殉教地である旧・光琳寺跡に建つのがマリア聖堂である。

紅葉満開の津和野城跡

津和野出身の偉人達と津和野城の歴史

近世から近代にかけて津和野からは多くの偉人が輩出されている。日本の近代哲学の祖・西周《にしあまね》は江戸末期から明治に活躍した。そして日本地質学の祖・小藤文次郎や、軍医総監であり文豪でもあった森鴎外など。彼らの多くは、津和野藩の藩校である養老館出身者であり、その藩校を育成支援した歴代の藩主が亀井家である。

江戸時代の津和野藩は、銅鉱山やたたら製鉄、石見半紙などの生産で財源が豊かであり、遠く離れた現在の島根県邑南町《おおなんちょう》などにも飛び地（領地）を所有していた。そんな亀井家が江戸期２５０年強に及ぶ歳月の居城とした津和野城は、中世（１２００年代末）に吉見家によって築かれた。当時は霊亀山山頂を本丸とする城郭であったという。中世から近世にかけて次第に城内が整備され、現代にその美しい姿を残してくれている。城跡観光リフトで簡単にアプローチもできるが、できるなら当時を振り返りながら歩いて巡りたいものである。

アクセス 道の駅　津和野温泉・なごみの里から登山口（鷺原八幡宮）まで徒歩 10 分

低山

赤《あか》ハゲ山《やま》

隠岐諸島の秘島・知夫里島の里山

赤壁

島内にある後醍醐天皇の腰掛の石

赤壁への入り口

展望所にある方位盤

山麓は放牧地

立ち寄りスポット

隠岐知夫赤壁（おきちぶりせきへき）

地質学的にもとても興味深い赤壁は、国の天然記念物に指定されており、荒々しい波が打ち寄せる海岸沿いに、約1kmにわたって削りとられた断崖である。約630万年の噴火活動の様子が観察できる希少な場所でもある。噴き出したマグマに含まれた多量の鉄分が空気に接して、断崖は赤褐色に変化したのである。

53 隠岐郡知夫村

コースデータ

徒歩総時間
1～2時間

楽しめる期間
通年

おすすめの季節
ハマダイコンの開花する初夏

歩行距離
約4キロ

標高
324m

魅力満喫度

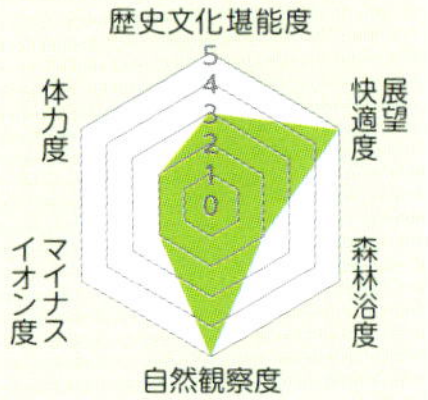

山頂からの展望

太古の時代を彷彿させる地殻変動の痕跡

現在の隠岐諸島の陸地は、深い海の底におけるプレートの活動展開で徐々に隆起をはじめ、約630万年前の2度にわたる激しいアルカリ火山岩の活動によって島の原型が造り出されたといわれている。そして火山噴火で形成されたカルデラに海水が入り込み湾になり、火山の外輪山が島になった。

このように、外輪山が火口の輪の形を保ちながら陸地から離れ、離島として存在する事例は意外にも少ない。ここ隠岐（島《どう》前《ぜん》）諸島とギリシャのサントリーニ島の2つだけである。この世界的に貴重な地殻変動の痕跡を、赤壁をはじめ赤ハゲ山の展望台からパノラマ図鑑のように俯瞰できる。さらに、天候条件に恵まれれば、山頂部からは島根半島や大山を遠望することも可能である。

山頂付近は放牧場となっており、多くの牛と出会うことができる。初夏には、周辺の草地がハマダイコンの花で薄ピンク色に染められる。

アクセス タクシーで赤壁展望台入り口まで移動し、タクシーは赤ハゲ山山頂の展望台へと回しておく

人力で積み上げた石垣

収穫後の棚田

自転車でも通れる道

島から上関方向を見る

石積みの練塀の路地

低 地

船の航海安全を祈願する神霊の島

祝《いわい》島《じま》フットパス

54 熊毛郡上関町

コースデータ

徒歩総時間
2～3時間

楽しめる期間
通年

おすすめの季節
冬の陽だまり季節

歩行距離
約7キロ

行程概要
標高差約120mの島歩き

魅力満喫度

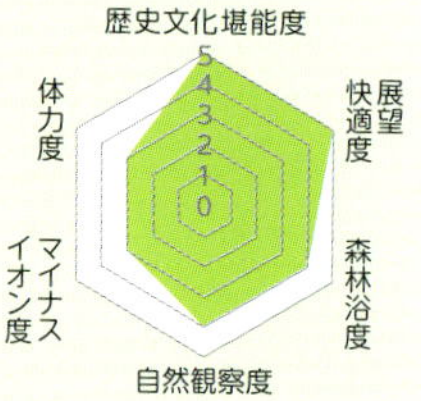

立ち寄りスポット

練塀(ねりへい)の路地裏歩き

江戸時代の後期より作り始めたとされる「石積みの練塀」は、潮風への防風機能のみならず、防火機能も併せ持つともいわれている。石と土を積み重ね、漆喰いで固めた「練塀」は、夏は涼しく冬は暖かく、集落を気候変化から守ってもいる。練塀沿いに島の路地裏歩きを楽しんでもらいたい。

海路安全の祭儀と人力のみの石垣

周囲およそ12キロ、人口263人（2024年現在）の小さな島では、4年に一度（最新では2024年8月）大きな神霊行事が開催される。

それは、九州・国東半島の伊美港や姫島とこの島を結ぶ、海上49キロを舞台にした、海の航行安全を祈願する合同神事である。「祝」という語は「ほうり」という海路安全を祈る古代以来の神職の名称の1つである。祝島は、畿内から九州へと渡るうえでの主要な中継港であった。そして島から姫島、国東への航路は九州への最短ルートであったのだろう。

そんな島を歩いて巡るフットパスの目的地は、人力だけで親子3代にわたり築き上げた見事な石垣と棚田風景である。今は少し草木が生い茂っているが、山の中に突如出現する巨大な石垣と美しい棚田景観には圧倒され、人間の営みの偉大さに頭が下がるばかりである。天候条件に恵まれれば、この場所から四国の佐田岬半島、九州の国東半島などを見ることもできる。

島内のフットパス道

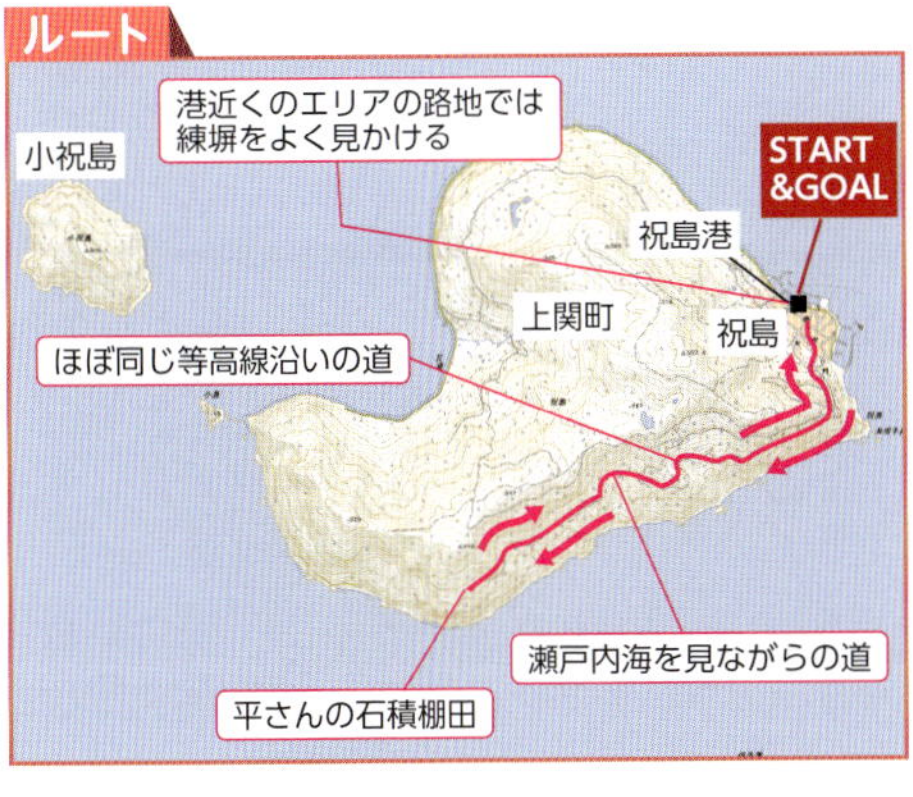

アクセス　上関の室津港から祝島港まで定期船で約40分

低山

石城山《いわきさん》

神籠石系の古代山城を歩く

山麓からの展望

石城神社

第二奇兵隊
本陣跡

登山口から車で 10 分、伊藤博文「産湯の井戸」

神籠石の列石群

立ち寄りスポット

第二奇兵隊本陣跡

幕末時の長州藩でも南東部（周防《すおう》地域）に住む人々を中心として、高杉晋作の奇兵隊に準ずる組織が立ち上がっている。この山には、1865 年に「第二奇兵隊」と命名された組織の本陣があった。明治初期における浄土真宗本願寺派の大刷新改革を進めた大洲鉄然《おおずてつねん》も、この第二奇兵隊に所属していたのである。

55 光市・熊毛郡田布施町

コースデータ

徒歩総時間
3～4時間

楽しめる期間
通年

おすすめの季節
桜の開花時期

歩行距離
約4キロ

標高
362m

魅力満喫度

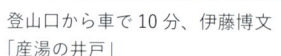

山城跡の水門

石城山の神籠石

石城山にある神籠石《こうごいし》は発掘調査の結果、古代山城の一部であることが確認されている。古代山城は、663年に起きた朝鮮半島の白村江《はくすきのえ》の戦い以降、7世紀後半から8世紀初頭頃に北部九州や瀬戸内各地に構築されたといわれている。これらは『日本書紀』などの文献資料に築城の記載のある「朝鮮様式山城」と、記載が見られない「神籠石系山城」の2つに分類されている。石城山にも当時の中央国府から派遣された機関が存在したと考えられている。

　また、山頂からは徳山方面より上関方面まで瀬戸内海の展望が良好なこともあり、狼煙台としての役割も示唆されている。瀬戸内沿岸の各拠点には、烽《ほう》址《し》（狼煙台の跡）と推定される地名や山名が多く認められている。下関の「火の山」や、秋穂町の「火ノ山」、笠戸島の「火振岬」、そして呉市倉橋島の「火の山」などである。これらの地は瀬戸内海航路を結ぶ重要な拠点でもあり、連絡中継地としての役割がこの山城にも与えられていたのだろう。

ルート

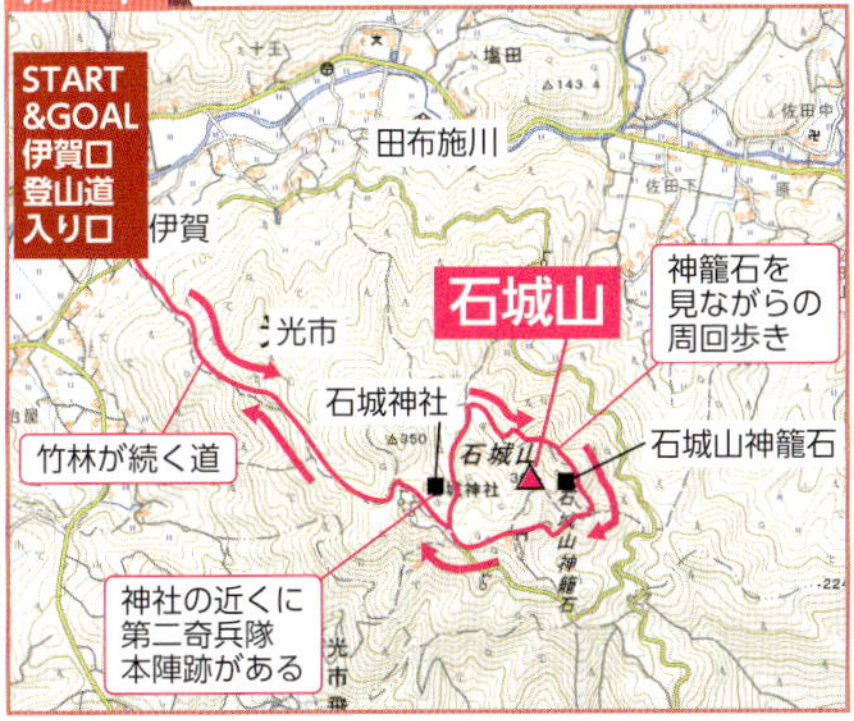

アクセス 石城山伊賀口登山道入り口まで車で移動

低山

右《みぎ》田《た》ヶ《が》岳《だけ》

奇岩群と瀬戸内海がコラボする

56 防府市

コースデータ

徒歩総時間
3～4時間

楽しめる期間
通年

おすすめの季節
2月の梅まつり
（防府天満宮）

歩行距離
約4キロ

標高
426m

魅力満喫度

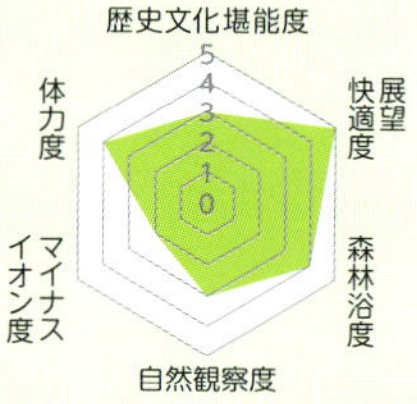

尾根筋の道

登山口付近からの展望

露出した岩の山道

防府天満宮

登山道にある礼拝岩

立ち寄りスポット

防府天満宮

学問の神様である菅原道真公をお祀りする、北野天満宮（京都市）、太宰府天満宮（太宰府市）とともに「日本三天神」とされており、日本で最初の天満宮として創建されたといわれている。2月には境内にある各種の梅が咲き誇る。右田ヶ岳登山口からは車で約10分の距離にある。

登山道から山頂を見上げる

維新の志士らの目印になった山

この山の西にある谷筋沿いは、かつて山陰の萩城下と山陽の三田尻港を結ぶ「萩往還」のルートであった。幕末から明治にかけて、疾風怒濤の如く時代を駆け巡った萩を拠点とした長州藩の志士たちにとって、必ず目に焼き付いたのが右田ヶ岳ではないだろうか。さほど高くない標高の割にこの山の堂々としたアルプス的景観が、私にそう思わせるのである。

萩往還を山陽側に下ってきた志士らは、煌めく瀬戸内の海と同時に、屏風のように広がる露出した巨岩群を目にしたはずである。その圧倒的な景観を横目に、彼らは三田尻港から東へ西へと向かったであろう。

天候条件が良ければ、山頂から遠く四国の山脈や九州・大分県の由布岳・鶴見岳などを望むことができる。また、遺構は見つかっていないが、鎌倉時代末期頃に築城された山城が山麓にはあったと推定されている。後年、その城主となった右田毛利家の菩提寺・天徳寺が登山口にある。

ルート

アクセス 登山口である天徳寺近くまで車で移動

低山

笠《かさ》山《やま》

日本で一番低い火山

57 萩市 椿東越ヶ浜

コースデータ

徒歩総時間
2～3時間

楽しめる期間
通年

おすすめの季節
2～3月椿の開花時期

歩行距離
約6キロ

標高
112m

魅力満喫度

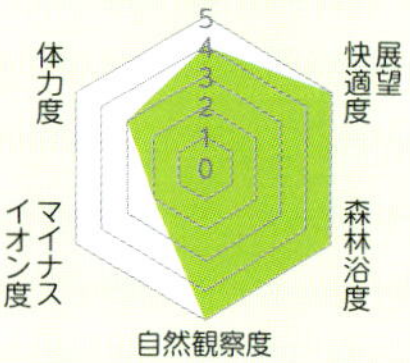

山頂部 火口への下り道

山頂周回道

苔むした石塁

笠山山頂展望台

明神池

立ち寄りスポット

椿の群生林

例年、2月中旬から3月下旬頃にヤブツバキの開花時期を迎える。樹上に咲く色鮮やかな椿の花も素晴らしいが、木から落ちた「落ち椿」が地面を鮮やかに赤く染める光景には言葉を失うだろう。花の見頃にあわせて、毎年「萩・椿まつり」が開催され、お茶会などの行事も行われる。

椿の森を歩く

火山性風土の町・萩

「萩の七《なな》化《ば》け」と呼ばれ、使えば使うほど色味が変化するといわれる萩焼の器類。４００年以上の歴史を持つ伝統工芸は、火山土質という独特の風土性が関係している。萩の大地は３つのマグマの活動によって約１億年の時間をかけてつくられている。この巨大なマグマの活動が生んだ良質な土が萩焼には欠かせないのである。

そんな火山性環境を確認できる場所がこの笠山である。日本で一番大きな火山が富士山であることはほとんどの人が知っているが、一番低くて小さい火山がこの笠山であることを知っている人は少ない。

この笠山では火口縁を一周することができ、直径30ｍ・深さ30ｍの小噴火口の近くまで歩いて接近することができる。さらに、崩れた溶岩の間にできた空間・風穴《かざあな》などがあるエリアや、トトロの森と錯覚する小道を虎ヶ崎へと歩いていくと、約10 haの広さに約2万5000本のヤブツバキがある群生林に到達する。

アクセス　萩市越ヶ浜駐車場まで車で移動

低 地

萩《はぎ》往《おう》還《かん》フットパス

幕末に志士が駆けた街道

長閑な田舎道

萩往還の標識

明木の家並み

石畳道のはじまり付近

木漏れ日を浴びながら

58 萩市

コースデータ

徒歩総時間
3～4時間

楽しめる期間
通年

おすすめの季節
桜開花4月・新緑5月・紅葉11月

歩行距離
約11キロ

行程概要
標高差最大200mの道

魅力満喫度

立ち寄りスポット

道の駅 萩往還

萩の特産品や野菜などの販売コーナーもあるが、なんといっても注目すべきは、「松陰記念館」であろう。吉田松陰に関する資料や松下村塾のミニ模型などもある（入場無料）。萩市内へ入る手前にあるので萩観光の前後の立ち寄りにもいいだろう。

一升谷の石畳道

石畳に込められた複雑な想念

山陰側の萩城下と山陽側の三田尻港（防府市）53キロをほぼ直線で結ぶこの萩往還は、参勤交代での「御成道《おなりみち》」として歴代の毛利家当主が通っていた道でもある。関ケ原の戦いに敗れ、山陰の小さな町・萩へと居を移された当主たちにとっては、複雑な思いでこの道を江戸へと向かったことだろう。逆に、血気盛んな長州藩の若い志士たちは維新の時代へと邁進する情熱を胸に秘めながら、石畳を駆け抜けていたことだろう。幕末から明治にかけては、この街道往来の足音が、時代の波動音と共鳴していたに違いない。

山口県内の中国山脈を縦断するこの街道ルートは、長い歳月の中で廃道になったり、車道によって区切られたりと時代の波を受けて変化してしまった箇所もある。今回紹介する区間は、幕末にこの道を駆け抜けていった維新の志士たちの面影が偲ばれる稀有なエリアである。

ルート

アクセス 明木の乳母の茶屋まで車で移動

低地

角島《つのしま》フットパス

小さな島での波打ち際フットパス

俵島・うっすらと角島大橋が見える

海辺の散歩道

角島大橋

角島では四季折々の花が咲き誇る

角島灯台から牧崎風の公園を見る

立ち寄りスポット

俵島（たわらじま）

油谷湾を挟んで、角島や角島大橋を眺める絶好のポイントが俵島である。柱状節理の地形でも有名であるが、夕陽スポットとしても知る人ぞ知る場所である。干潮時にしか渡れない島への砂洲道を歩くには、事前に干満時の時刻を調べてから現地におもむきたい。

59 下関市豊北町

コースデータ

徒歩総時間
2～3時間

楽しめる期間
通年

おすすめの季節
ダルマギク咲く
10～11月

歩行距離
約5キロ

行程概要
標高差はほとんどない

魅力満喫度

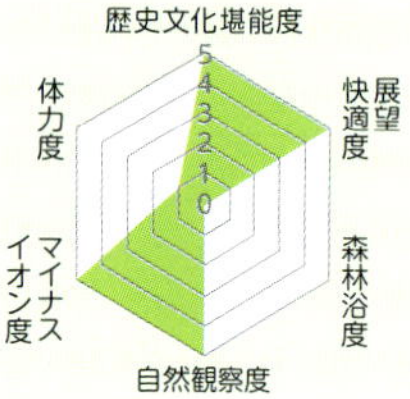

10月ダルマギクの海岸

群を抜く海岸線景観を歩く

響灘《ひびきなだ》にある角島は、面積4㎢ほどの小さな島であるが、大地の生い立ちと、形成後の隆起や沈降、そして波による侵食など、海岸線の景観の多彩さは群を抜いている。1997年には、角島一帯が北長門海岸国定公園に編入されている。北東部の牧崎岬と北西部の夢崎という2つの突端部が、牛の角に似ていることから角島と名付けられたという。その特殊性は古代からも注目されており、万葉集にも詠まれている。

テレビのコマーシャルなどでもお馴染みの、全長1780mに及ぶ角島大橋を渡ると、意外にも牧歌的な景観が広がってくる。そんな牧歌的景観の1つ「牧崎風の公園」は、10月下旬から11月にかけてダルマギクの花が満開となり、遊歩道が公園そばの牧場まで延びている。この牧崎地区は、奈良時代から朝廷に納める牛の育成場所でもあった。四季折々の変化を楽しみながらの優雅な海岸散策ができる。

アクセス 瀬崎陽の公園近くまで車で移動

低山

龍《りゅう》護《ご》峰《ほう》

スコットランドの丘を歩いている気分

龍護峰山頂

秋吉台展望台

山頂標識

12月のエンジェルステップ

10月のススキ原

60 美祢市

コースデータ

徒歩総時間
2〜3時間

楽しめる期間
通年

おすすめの季節
秋のススキの穂が揺れる時期

歩行距離
約4キロ

標高
426m

魅力満喫度

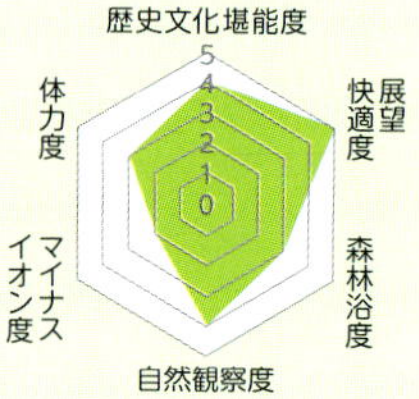

立ち寄りスポット

秋芳洞

秋吉台の地下100m前後にある洞内は、四季を通じて17°Cで一定しており、夏は涼しく冬は暖かい。洞内の観光コースは約1キロ。まるで異空間に迷い込んだ気分にさせてくれる。秋芳洞の入り口には、三段の滝があり、絶えず冷気を含んだ飛沫が舞っている。新緑や秋の紅葉の時分には、清流と見事な自然の造形美が目を奪う。

カルスト地形を歩く

羊の群れのような石灰岩群

秋吉台における壮大な景観展望地は、この台地の最高峰である龍護峰の山麓である。山麓といっても、ほとんど樹木はない。それは、その山腹の下が秋芳洞に位置することに理由がある。すなわち、ドリーネと呼ばれる地形により、地表の水が地下の秋芳洞へと流れ込んでいくからである。水分を貯められない地表では背丈のある樹木は育たないので、広大な草原となっている。そんな秋吉台の草原は、近年まで周辺住民の入会地《いりあいち》として草地を維持するために村人総出で野焼きが行われていた。その草原に広がっているのが、古生代石灰岩からなるカルスト地形であり、カレンフェルト（石灰岩柱群）やドリーネ（漏斗状凹地）、ウバーレ（溶食凹地）、ポリエ（溶食盆地）といった特異な地形景観が展開する。そして、その地下には鍾乳洞（秋芳洞、大正洞、景清洞）がある。

草原の中に、白褐色の岩が幾多も露出している様は、遠くから眺めていると草を食む羊の群れの如くである。

ルート

アクセス 秋吉台家族旅行村駐車場まで車で移動

低山

王《おう》子《じ》が岳《だけ》

百済からの王子渡来伝説地

Betty Smith ジーンズミュージアム

尾根筋道

登山口標識

山頂付近にて

山頂付近からの瀬戸大橋

61 倉敷市・玉野市

コースデータ

徒歩総時間
2〜3時間

楽しめる期間
通年

おすすめの季節
冬の陽だまり季節

歩行距離
約4キロ

標高
234m

魅力満喫度

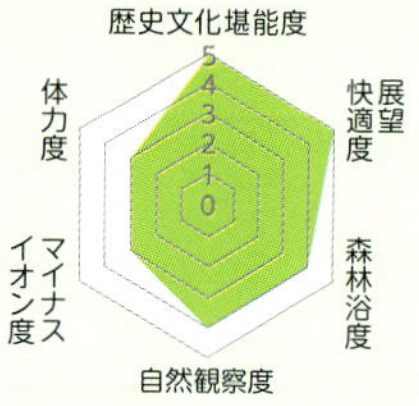

立ち寄りスポット

Betty Smith ジーンズミュージアム

倉敷の児島地区は国産ジーンズ発祥の地であることにちなみ、日本で初めてとなるジーンズの展示館が 2003 年に開館されている。アメリカで誕生したジーンズの歴史や、ジーンズの生産が日本で始まった当初に使用していた厚物専用のユニオンスペシャルミシンなど、貴重な資料が多数展示されている。

ニコニコ岩

古代の航路と王子たちの足跡

その昔、瀬戸内海は中国大陸や朝鮮半島の主要国と日本を結ぶ主要航路であった。その歴史的背景もあり、瀬戸内海沿岸の里地里山には、大陸や半島由来の伝説が数多く残されている。王子が岳の山名由来として、百済国の姫の子どもである（柴坂）、（坂手）、（筈割）、（峰）、（日）、（錫投げ）、（谷）、（瓶割）という名前の8王子が半島より渡来し、この山に住んでいたという物語である。伝説ではあるが、この里山からほど近い「唐琴」という名の土地には、王子たちが海岸沿いの山岳地帯を開いたという民話も残されている。

登り始めから背後に穏やかな瀬戸内海の風景が広がる。山頂部が近づくと左右に巨岩・奇岩群が現れ始める。その景観はどこか大陸的な壮大さを感じさせてくれる。そして、彼方には瀬戸大橋の姿や、屋島や讃岐富士など、香川県の山々から四国の脊梁山脈までを眺めることのできる展望スペースに辿り着く。

アクセス　瀬戸中央自動車道児島 IC から登山口まで車で約 30 分

低山

備中《びっちゅう》松《まつ》山《やま》城《じょう》（臥牛山山麓）

つわものどもが歩いた登城の道

62 高梁市

コースデータ

徒歩総時間
3～4時間

楽しめる期間
通年

おすすめの季節
冬の早朝

歩行距離
約5キロ

標高
430m

魅力満喫度

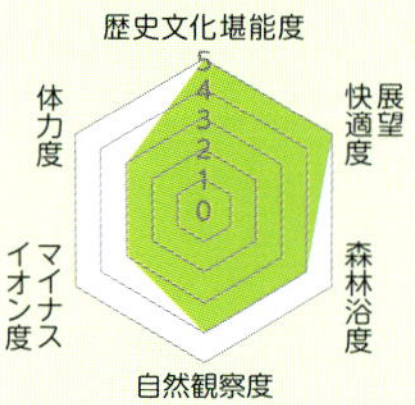

城内の石垣を辿る

桜開花時期の高梁市内

城内入り口付近

大石内蔵助の腰掛石

男はつらいよ・ロケ地

立ち寄りスポット

高梁市郷土資料館

明治 37 年に建築された、旧高梁《たかはし》尋常高等小学校の本館を再利用している。建物施工の素材も良質の木材で丁寧な作業の跡が見受けられ、豪壮さとともに綿密さを同時に感じられる。江戸から明治にかけての民具などの展示物もさることながら、建物の外観を見るだけでも価値がある。

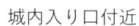

天守閣

天空の城として注目を浴びる山

現在、天守閣が残る山城跡としては日本で最も高い場所になる。そして兵庫県の竹田城とともに「天空の山城」として脚光を浴び始めている。この山城の起源は鎌倉時代にさかのぼる。城址へは、昔日の武士達が登城の際に使っていた道を辿りたいものである。その道の途上には大石内蔵助が休息したとされる「腰掛石」などもある。

大手門から見上げると、首が痛くなるくらいに反り返った城壁や、白い漆喰塗りの城壁などが眼前に展開し始める。二の丸の広場に至ると、目の前に勇壮な姿で天守閣が現れる。体力に自信のない人には、山の中腹にある「ふいご峠」からの道（徒歩20分）がお勧めである。ふいご峠には10数台分の駐車場もある。城址の見学後は、ぜひ高梁の落ち着いた街並みも散策してもらいたい。この街は、映画「男はつらいよ」シリーズ第8作「寅次郎恋歌」、第32作「口笛を吹く寅次郎」のロケ地でもある。

アクセス JR 伯備線備中高梁駅から歩き始める

低山

鬼城山《きのじょうざん》

桃太郎の鬼退治伝説の関連地

展望台より西門を望む

角楼

西門への道

吉備津神社　木の廻廊

吉備津神社

63 総社市

コースデータ

徒歩総時間
2〜3時間

楽しめる期間
通年

おすすめの季節
3月菜の花・
4月桜開花時期

歩行距離
約3キロ

標高
397m

魅力満喫度

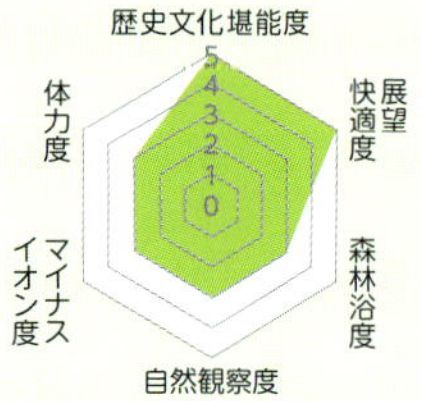

立ち寄りスポット

吉備津神社(きびつじんじゃ)

桃太郎伝説の主人公とされる、大吉備津彦大神を主祭神とする山陽道屈指の神社である。鬼城山に住んでいた大陸からの渡来人・温羅（うら）一族を退治に来た吉備津彦命が、矢を置いたといわれる矢置岩などが参道石段の下にある。この神社では必ず全長 360 mの木の廻廊を見学したい。

城壁跡を歩く。遠くには吉備平野が見える

鬼《き》ノ《の》城《じょう》

鬼ノ城は吉備高原の南端、鬼城山の山頂部に位置する日本の古代山城（神籠石式《こうごいししき》山城）である。関連史書には記載がなく、築城年は不明とされているが、諸発掘調査において7世紀後半に築かれたと推定されている。吉備平野を見下ろす、標高400m弱の里山の頂上部に、周囲を取り囲むような強固な土塁壁がめぐらされている。古代人の土木技術の高さには感銘せざるを得ない。

ルートは、その土塁壁の上を歩きながら山を一周することになる。土塁壁には水門も設けられており、往時の生活の質の高さが想像できる。最大のクライマックスは、城址中央部にある礎石群であろう。穀物倉の跡という説のあるこれらの礎石群は、その大きさ故に当時の城内に住んでいた人口までを推測したくなる。伝説上の桃太郎が敵とした鬼族は、なかなか手ごわい相手だったのではないだろうか。

ルート

アクセス 鬼ノ城入り口駐車場まで車で移動

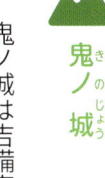

海上からの白石島

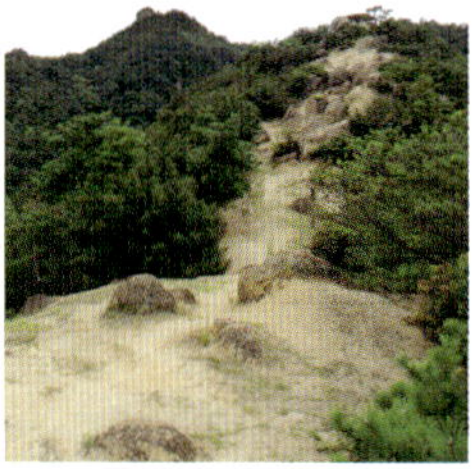

尾根筋の道

登山道 標識

タイ式仏舎利塔

大玉岩

立ち寄りスポット

白石島 盆踊り（白石踊）

国の重要無形民俗文化財にも指定されている「白石踊」は、源平水島合戦における戦没者の霊を弔うために始まったとされる歴史を有している。唄い手と太鼓の周りを男踊、女踊など十数種類もの踊りが輪のようになって踊られるという、非常に珍しい盆踊りである。

低山

奇岩が連なる島の山旅

立《たて》石《いし》山《やま》（白石島）

64 笠岡市

コースデータ

徒歩総時間
2～3時間

楽しめる期間
通年

おすすめの季節
8月中旬（白石踊り期間）

歩行距離
約3キロ

標高
168m

魅力満喫度

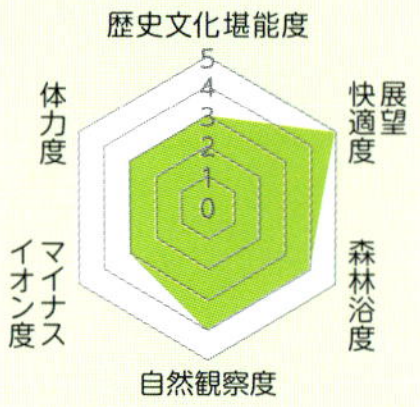

海の展望道

奇岩・巨岩の パワースポットを巡る

笠岡諸島は大小31の島々で構成されるが、有人の島は、高島、白石島、北木島、真鍋島、大飛島、小飛島、六島の7つである。各島とも本州や四国とは橋で結ばれていないので、それぞれ島独自の時間の流れ方をしている。特に白石島は奇岩・巨岩の連なる、知られざるパワースポット的存在といってもいいだろう。

標高150mの通称応神山(高山)への道沿いは、奇岩群が連なる展望のよい尾根道となっている。白石島を代表する巨石の1つである大玉岩が出迎えてくれる。また、左手方向には開龍寺の白い仏舎利塔が見え、背後には高島の島影が遠望できる。標高の一番高い立石山からの帰路には、碁盤の目のような割れ目から鎧岩と呼ばれる白石島を代表する奇岩にも出会うことだろう。ルート後半には、「仏舎利塔」のある開龍寺がある。この仏舎利塔は日本で最初のタイ式仏舎利塔といわれ、昭和43年にタイから僧侶らが来島し仏舎利を納めている。

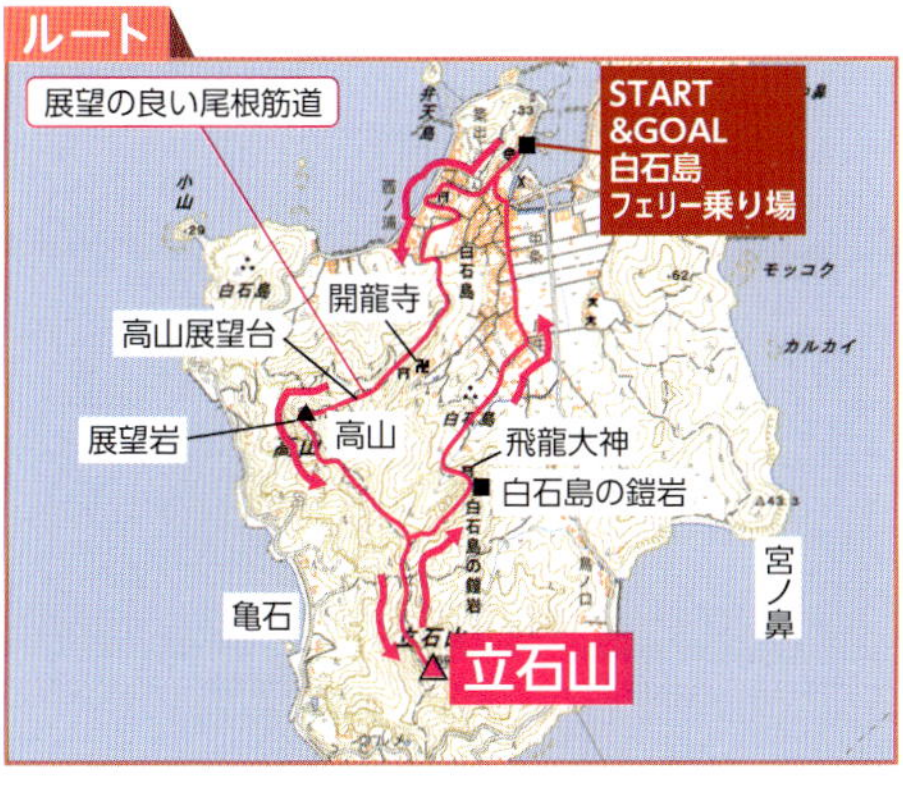

アクセス 笠岡港から白石島フェリー乗り場まで高速船で片道約20分

低山

三平山《みひらやま》

名峰・大山が眼前に迫る里山

蒜山三山を望む

森の中の道

登山道からの展望

雲のキャンパス

山頂

65 真庭市・鳥取県江府町

コースデータ

徒歩総時間
2〜3時間

楽しめる期間
降雪時を除く通年

おすすめの季節
新緑5月・紅葉10〜11月

歩行距離
約4キロ

標高
1010m

魅力満喫度

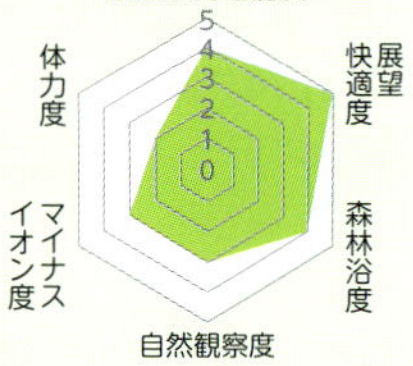

立ち寄りスポット

ひるぜんジャージランド

「蒜山《ひるぜん》酪農農業協同組合」直営の施設なので、新鮮な乳製品（牛乳、アイスクリーム、クッキーなど）が楽しめる。また、建物の裏手には牛の放牧エリアがあり、その周囲の牧草地にはトレイルがある。眼前に蒜山三山の雄姿を仰ぎ見ながら、のんびりと歩くこともできる。

登山道と大山

広大な草原景観と名峰・大山の絶景

嬉しいことに、標高１０００ｍを超える山陰の高峰へは、標高７００ｍ付近まで車で入山できる。そのお陰で、山麓から望む草原風景の壮大な空間的広がりを、誰もが気軽に体感することができる。

登山口からしばらくは、森の中のジグザグの道を登っていく。やがて樹林が途切れ始めると、左手に蒜山高原の眺望が広がり、心地よい風に思わず足が止まることだろう。さらに進むと「土塁」と書かれた表示案内板が現れる。日本軍の軍馬育成場であった山の斜面にも、広大な草原が広がっている。

山頂からは、まず日本百名山の１つでもある名峰・大山のダイナミックな山塊が圧倒的な迫力で眼前に展開する。時間があれば、山頂部で大山の雄姿を見ながらお昼寝タイムをとりたいものである。天孫降臨伝説のある蒜山高原や、中国山地の峰々が濃淡を重ねるグラデーション風景には、起きていても夢ごこちな気分となれるはず。

ルート

アクセス 米子自動車道蒜山 IC から車で約 20 分で登山口駐車スペースへ

低山

船《せん》上《じょう》山《さん》

断崖が天然の要塞となった古戦場

船上神社奥宮への道

登山口の標識

登り始めの道

巨樹の森を歩く

緑の樹海を抜ける道

66 東伯郡琴浦町

コースデータ

徒歩総時間
2〜3時間

楽しめる期間
降雪期を除く通年

おすすめの季節
新緑5月、紅葉10・11月

歩行距離
約4キロ

標高
616m

魅力満喫度

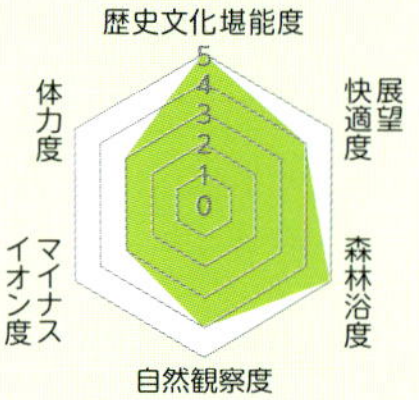

立ち寄りスポット

船上山行宮跡（せんじょうさんあんぐうあと）

元弘３年（1333）、後醍醐天皇は隠岐島を脱出し、船上山合戦にて勝利した後も約80日間この山に滞在された。行宮跡地の策定作業は難航したが、地元に残る古文書などを頼りに研究が進められ、山頂部の特定場所が選定され、文化庁による案内表示板が建てられている。

山頂部分の遠望

修験道の霊山であり南北朝時代の古戦場

　この山は、和銅年間に智積《ちしゃく》上人らによって智積寺として開基されたと伝えられ、平安仏教の山岳霊場として多くの人々の信仰を集めた場所である。伯耆大《ほうきだい》山《せん》や三徳山《みとくさん》とともに、山陰地方の修験道の三霊山（伯耆三嶺）と呼ばれる修行場であった。

　さらに、南北朝時代には隠岐を脱出した後醍醐天皇がこの地の豪族・名和《なわ》長年《ながとし》に迎えられ、山頂部に行宮を築いたとされている。同時に、鎌倉幕府方との「船上山の戦い」があった古戦場としても有名である。

　この戦いの際、天皇側を護った天然の要害は、山の東側に展開する屏風岩と呼ばれる約１００万年前に形成された柱状節理の断崖地形であった。その断崖地形を下から見上げると、まるでミニ・グランドキャニオンのような壮大で奇怪な景観にも思えてくる。おそらく鎌倉幕府方の兵らは、この景観にも圧倒されたのではないだろうか。

　行宮跡へは、時間的・体力的に余裕があれば出かけてほしい。

ルート

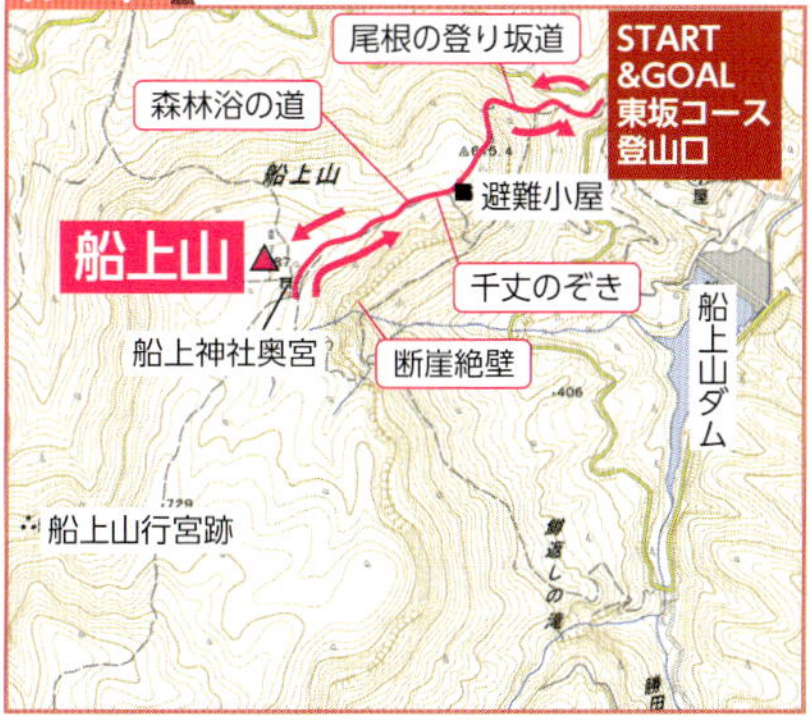

アクセス　船上山東坂コース登山口まで車で移動

低山

三《み》徳《とく》山《さん》・投《なげ》入《いれ》堂《どう》（三佛寺奥院）

山岳修験道の伝説地を歩く

結界門と御神木（登拝口）

修験の道

観音堂

木の根を頼りに登る

三徳山三佛寺本堂

67 東伯郡三朝町

コースデータ

徒歩総時間
2〜3時間

楽しめる期間
通年（※天候条件による入山禁止もある）

おすすめの季節
秋の紅葉時期

歩行距離
約2キロ

標高
520m（投入堂）

魅力満喫度

立ち寄りスポット

三朝温泉郷

投入堂へのアプローチ途上に必ず通過する温泉郷である。三朝川にかかる橋のたもとには、河原風呂（川原の温泉：24時間 ※奇数日、7〜12時は清掃のため入浴できない）と公衆浴場・菩薩の湯がある。石畳の温泉本通りには、こじんまりした旅館・飲食店・古美術店・スナック・土産物屋・射的場などが並んでおり、昭和時代の情緒を感じる温泉街が残されている。三徳山、三朝温泉は、日本遺産である。

投入堂（三佛寺奥院）

美しい徳のある山と修験の聖地

投入堂のある三徳山（標高900m）は、古くは「美徳山」とも呼ばれていた。現在は大山隠岐国立公園で、国の史跡・名勝に指定されている。山麓の森は「全国森林浴の森100選」に選出されるほど、古来幽玄な美徳を兼ね備えた山域であったのだろう。

その幽玄さを代表するのが、慶雲3年（706）、修験道の開祖・役小角《えんのおづぬ》により開山された三徳山三佛寺の奥院・投入堂であろう。役小角が、蔵王権現を祀った仏堂を法力で山に投げ入れたという言い伝えがある。山の断崖の窪みに建造された平安時代の懸造《かけづく》り木製堂で、平安密教建築の数少ない遺構は国宝に指定されている。

この投入堂までの道が、木の根や岩をよじ登るなど、場所によっては多少険しい箇所が連続するのである。安易な気持ちで入山すると大きな犠牲を払うことにもなりかねない。近年、滑落事故等が多発しているため、参拝登山者の入山時には、主に服装と靴のチェックを受ける必要がある。

 アクセス　三徳山の駐車場まで車で移動

column

低山は聖と俗が交わるパワースポット 2

聖域から授かる「野生の知」

日本三大修験道の低山（出羽三山・大峯山系・英彦山）

山岳修験道《しゅげんどう》とは、日本固有の修行様式である。日本のアニミズム的な自然崇拝に、中国伝来の道教や密教などが融合し、日本独自の自然観を育みながら山や森、滝といった聖域からエネルギーを感受していく修行である。

修行を実践する山伏《やまぶし》は、自然の中で「知恵と命の根源」を学び修めることで「修験者」となり、祈りと修練の実践によって得た「野生の知」の大切さを、里で暮らす人々へ還元してきた。里に近い修験の低山は、地域特有の自然との共生から得られる「野生の知」の宝庫なのである。

この「野生の知」は、近年目覚ましい発展を遂げているＡＩ（人工知能）などの「スマートな知」とは対極にある。「野生の知」を再び磨き直すことができる場所の代表格が三大修験地である。

修験地の山では、透明で清澄な空気が漂っているのを体感できる。それは、過去にこれらの山域で深く呼吸し、真言を唱えた修験者の残した呼気ではないだろうか。

［出羽三山《で わ さんざん》］ 山形県。羽黒山（414m）・月山（1984m）・湯殿山（1504m）の総称である。

［大峯山系《おおみねさんけい》］ 奈良県・和歌山県。吉野と熊野を結ぶ約80キロの奥駈道である。

［英彦山《ひ こ さん》］ 福岡県（1199m）。太宰府近くの宝満山（830m）とを結ぶ、峰入り修行ルートとしても知られている。

そのほか、低山の修験地は全国各地に数多く点在している。

羽黒山

洞泉寺（大峯修験道）

修験者（英彦山）

修験者（出羽三山・月山）

不動窟鍾乳洞（大峯修験道）

英彦山山麓

四国地方の低山・低地20コース

四つの文化圏
（伊予・讃岐・土佐・阿波）
を歩く

愛媛県　7コース［低山5・低地2］

香川県　6コース［低山5・低地1］

高知県　5コース［低山1・低地4］

徳島県　2コース［低山2］

低地

芸《げい》予《よ》小《お》島《しま》フットパス

日露戦争遺跡に明治時代の面影を辿る

68 今治市

コースデータ

徒歩総時間
1〜2時間

楽しめる期間
通年

おすすめの季節
3月・椿開花時期

歩行距離
約5キロ

行程概要
標高差約100mの島歩き

魅力満喫度

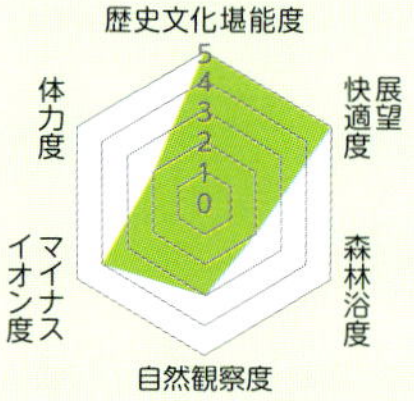

亀老山展望台

山頂にある指令塔跡

島内の道

砲台のレプリカ

弾薬庫跡

立ち寄りスポット

亀老山(きろうざん)展望公園

この島を含む来島海峡の全貌を見下ろす絶好の展望台である。しまなみ海道沿いの大島にある標高308mの亀老山は、山頂近くまで車でも行くことができる。山頂には、建築家・隈研吾氏が設計した展望台がある。この展望台からは、瀬戸内海の島々や四国山脈までもが360度のワイドビューで出迎えてくれる。

日露戦争当時の緊張感を味わう

明治30年代は、近代日本にとって緊張の連続であった。日露戦争開戦の暗雲が立ち込めた明治30年、当時の日本政府はロシア海軍の瀬戸内海への進攻に備えて、この島と広島県大久野島の両島に砲台要塞の建設を開始したのである。来島海峡に浮かぶ周囲３キロほどの小さな島で、人口６人(令和６年11月末現在)のひっそりとした過疎の島で行われた巨大事業を覚えている島外者は少ないだろう。

しかし、対馬沖でロシアのバルチック艦隊を撃破し、日本の内海へのロシア海軍侵攻の可能性は消失したため、これら要塞の役割はなくなってしまう。その結果、この要塞に備え付けられていた28センチ榴弾砲２門が旅順に運ばれ、この巨砲が、激戦地であった２０３高地の戦いを勝利へと導くのである。

現在、島を巡る遊歩道沿いには２５００本の椿が植えられ、瀬戸内海の早春の長閑な風物詩となっている。

芸予要塞 指令塔跡からの展望

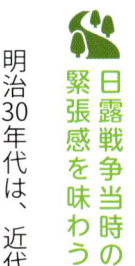

大山祇神社の大楠

巨岩が露出した山道

安神山への登り道から

山頂方向の展望

安神山を見下ろす展望所

低山

鷲《わし》ケ《が》頭《とう》山《ざん》

大山祇神社の背後を護る山

69 今治市
大三島町

コースデータ

徒歩総時間
4～5時間

楽しめる期間
通年

おすすめの季節
冬の夕暮れ時

歩行距離
約10キロ

標高
437m

魅力満喫度

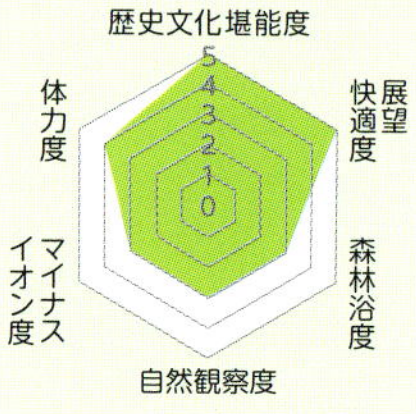

立ち寄りスポット

大山祇神社（おおやまずみじんじゃ）

全国にある山祇神社（大山祇神社）の総本社である。主祭神の大山積神は三島大明神とも称され、山の神・海の神・戦いの神として歴代の朝廷や武将から尊崇を集めた。乎千命（おちのみこと）の御手植と伝えられる、伝承樹齢2600年の巨大な楠の木が境内にある。

夕暮れ時の尾根筋から

日没絶景満喫の横綱クラス

瀬戸内海の絶景を堪能できることで知られる芸予諸島は、戦国時代に活躍した村上水軍の本拠地として栄え、固有の歴史と文化を育んできた海域エリアである。鷲ケ頭山は、芸予諸島最大の島・大三島《おおみしま》にある。もし、「日没タイムに滞在したい里山番付」を作るなら、この山は横綱候補の筆頭格であろう。

山頂から西方向には、神峰《かんのみね》山《さん》のある大崎上島や大崎下島など、安芸灘に浮かぶ島々が重なり合って見える。その手前は、登山道沿いに通過してきた安神山からの稜線が緩やかな曲線を描いている。そして遥か彼方に見える呉線沿線の山影が淡く染まり始めると、日没ドラマが幕を開けるのである。しばし日常の諸事を忘れて、西方浄土を想起させてくれる日没風景に身を浸してみたいものだ。

余談ではあるが、山頂近くまで車道が通じているので、この日没風景は歩かずに労せず鑑賞することも可能である。

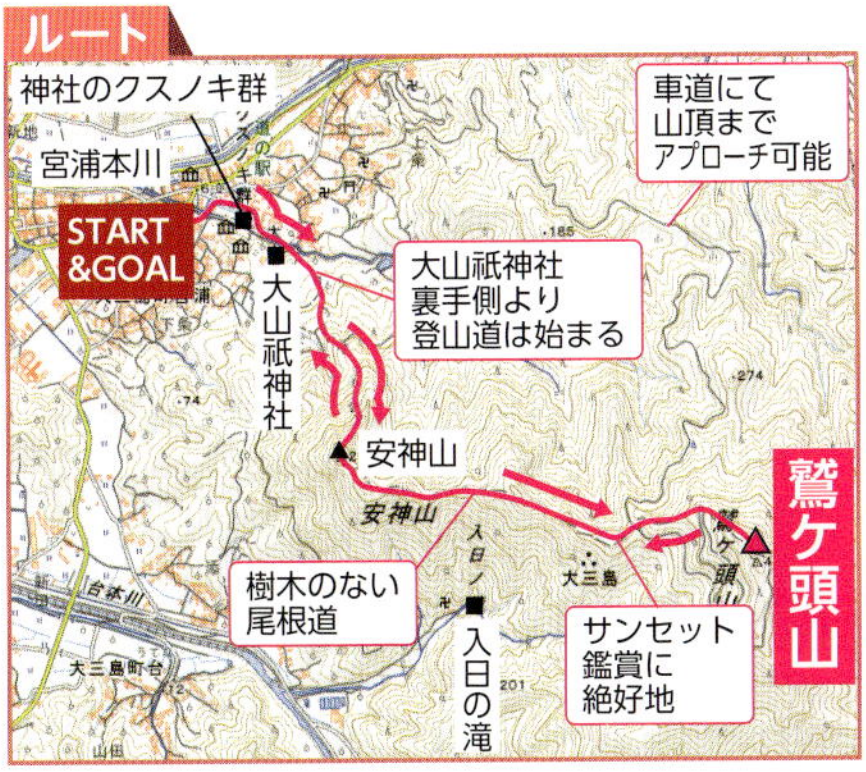

アクセス しまなみ海道大三島 IC から大山祇神社近くの駐車場まで車で約 15 分

低山

積《せき》善《ぜん》山《ざん》

天女の羽衣・三千本の桜並木道

アプローチ途上の花畑

4月上旬の山肌

岩城島の小漕港（おこぎこう）

桜の花びら

山頂展望台にて

70 越智郡上島町

コースデータ

徒歩総時間
4～5時間

楽しめる期間
通年

おすすめの季節
4月上旬桜開花時期

歩行距離
約10キロ

標高
370m

魅力満喫度

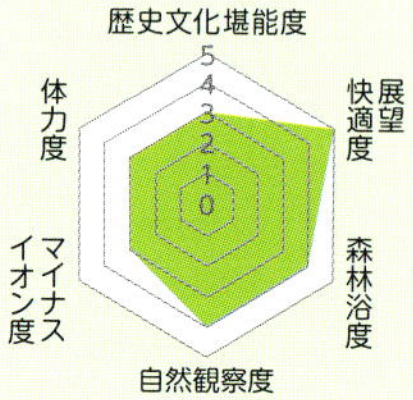

立ち寄りスポット

チューリップ畑

春の積善山への登山では、桜よりも前にまず色とりどりのチューリップが目を和ませてくれる。言ってみれば、桜のパノラマ絶景へのイントロ的な「出迎え風景」となっているのである。岩城桜公園への道の起点となる北集会所からすぐの、登山道脇にある民家の庭にある。

山頂展望台よりの瀬戸内海

青いレモンの島に咲く 天女の羽衣

防腐剤やワックスの不使用を徹底する岩城島《いわぎじま》のレモンは、皮ごと安心して使えるのが特徴である。徹底した安全品質を実現した国産レモンのさきがけとなっている。1980年代には、「青いレモンの島」というフレーズで一躍その名が知られた。島内にはレモンの散歩道と名付けられたトレイルもある。人口2000人弱の「橋のかかっていない島」には、レモン以外にも人を惹きつけるもう1つの樹がある。

4月上旬、対岸の生口島のしまなみ海道を車で走っていると、島全体が淡いピンク色に染まっているのがわかる。この桜の数々は、この島に生きる人たちの人生の節目の記録の賜物なのである。学び舎からの卒業記念、病気の厄払い、結婚記念や古希の祝いなど、それぞれの人生の節目ごとに島民によって植樹されたものである。3000本を超す桜並木は、地元では「天女の羽衣」ともいわれており、山頂の展望台からは、瀬戸内海の多島美世界とともにピンク色の羽衣が一望できる。

アクセス 生口島の洲江港からフェリー約5分で、歩き始め地点の小漕港に着く

UFO ラインの展望所にて

幻想的世界

草原状の山肌

雲上の道

石鎚山を望む

低山

雲上の楽園世界を満喫する

瓶《かめ》ヶ《が》森《もり》

71 西条市

コースデータ

徒歩総時間
2～3時間

楽しめる期間
通年

おすすめの季節
5～7月高山植物開花時期・10月ツツジ開花時期

歩行距離
約3キロ

標高
1897m ※標高差約200m

魅力満喫度

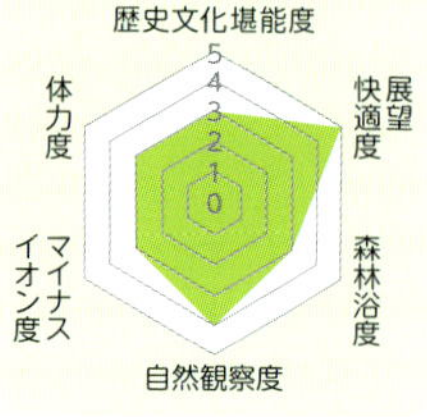

立ち寄りスポット

瓶ヶ森林道（UFOライン）

登山のアプローチとして使うこの道は、地元では「UFO ライン」とも呼ばれている。その名の通り、晴れた日にはまるで天空を走るようなドライブが楽しめ、土佐湾から四国山脈を空中から眺めている気分になれる。この道のドライブだけでも旅の満足感を十分に味わうことができる。

壮大な景観が展開

霊峰・石鎚山《いしづちさん》の絶景と広大なササ原

「山」の文字は付いていないが、この山は愛媛県下では第3位の高峰である。ただ、登山口からの標高差は約200mで、登山道も整備されているため、初心者にはハードルの低い高山である。晴れた日には、頂上から修験道の霊峰・石鎚連峰のみならず、四国の主要な山岳地域や瀬戸内海に浮かぶ島々まで、360度の大パノラマが展開する。この山の魅力は、山頂からの展望にとどまらないのである。

登り坂の下から見上げると、天まで届かんばかりに広大な緑のササ原が頂上稜線まで広がっている。氷見《ひみ》二《に》千石《せんごく》原《はら》と呼ばれるササ原には、所々に朽ちた白骨樹が棘《とげ》のように突き刺さっており、まるで北の大地のような風景も堪能できる。瓶ヶ森という一風変わった山の名前の由来は、西側の山麓にある湧水のたまる瓶壺にちなむ。山頂は女山《めやま》と呼ばれ、近くには男山《おやま》というピークもある。

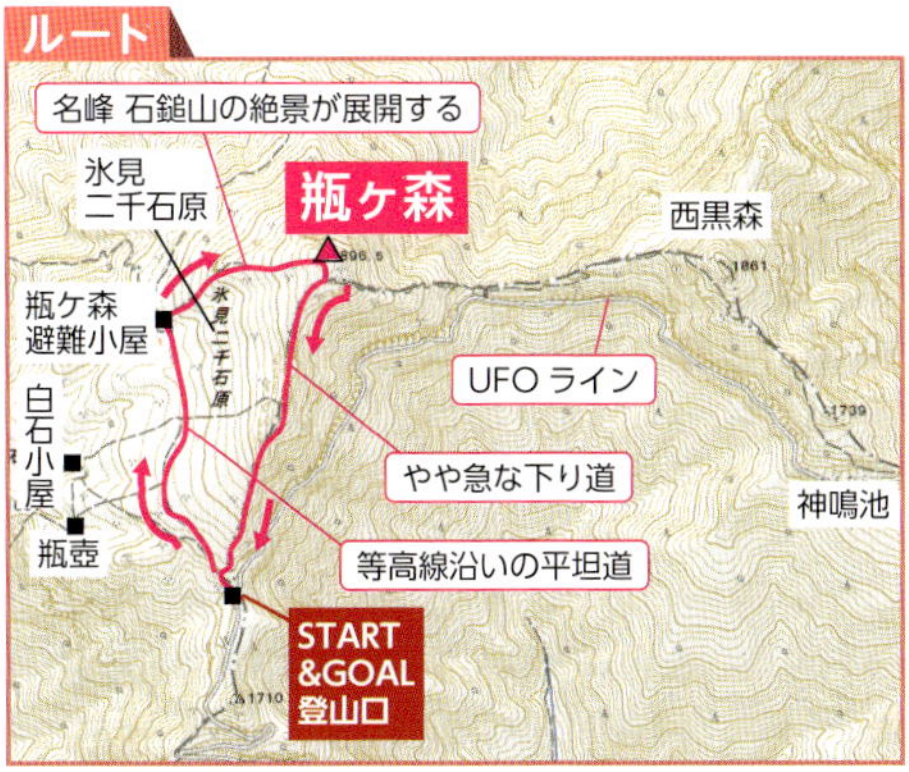

アクセス　松山自動車道伊予西条 IC から瓶ヶ森林道経由で約 90 分
（注）瓶ヶ森林道は冬季閉鎖（11 月末〜 4 月上旬）

低山

皿《さら》ヶ《が》嶺《みね》

山野草や湿原植物の宝庫

72 上浮穴郡久万高原町・東温市

コースデータ

徒歩総時間
3〜4時間

楽しめる期間
通年

おすすめの季節
山野草が満開の4〜5月

歩行距離
約4キロ

標高
1278m ※標高差約370m

魅力満喫度

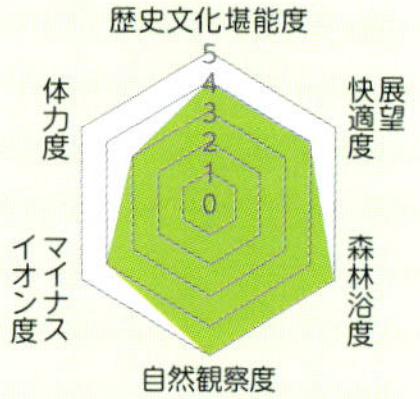

5月に咲くヤマブキソウ

苔の森

イチリンソウ

巨樹が林立する

竜神平

立ち寄りスポット

竜神平（りゅうじんだいら）

竜宮伝説が伝わる、四国では珍しい高層湿原帯である。皿ヶ嶺連峰県立自然公園の中でも、希少な湿地植生が観察できるエリアでもある。近くには、昭和 35 年に愛媛大学教授であった山内浩氏が、山岳部や学術探検部の学生たちとともに建設した山小屋「愛大竜神平小屋」（別名・皿ヶ嶺ヒュッテ）があり、現在でも利用できる。

縦走路よりの展望

地相や植相の宝庫

明治・大正時代の地元文献には、「亀ヶ城山」とも呼ばれていたと記されている。それは、山麓にある竜神平には竜宮城という城址があったという伝承物語が関与しているのかもしれない。その後、フラットな稜線の山容が、皿を伏せたように見えることから皿ヶ嶺の名が付いたともいわれている。

山の地層は、凝灰岩の層が取り巻くように形成されていることから、1500万年前は火山としての活動をしていたと推定される。また、山の北斜面は中央構造線上に位置するため、ほかでは見られない地相や植相の宝庫ともなっている。登山口付近には、天然のクーラー「風《かざ》穴《あな》」があり、絶えず冷気が吹き出している。穴蔵ではヒマラヤ原産の青いケシ・メコノプシスが栽培されている。

さらに、登山道沿いにはヤマブキソウやイチリンソウ、ヤマシャクヤクなどの多種多様な山野草が咲き、幽玄なブナ林が続いていく。

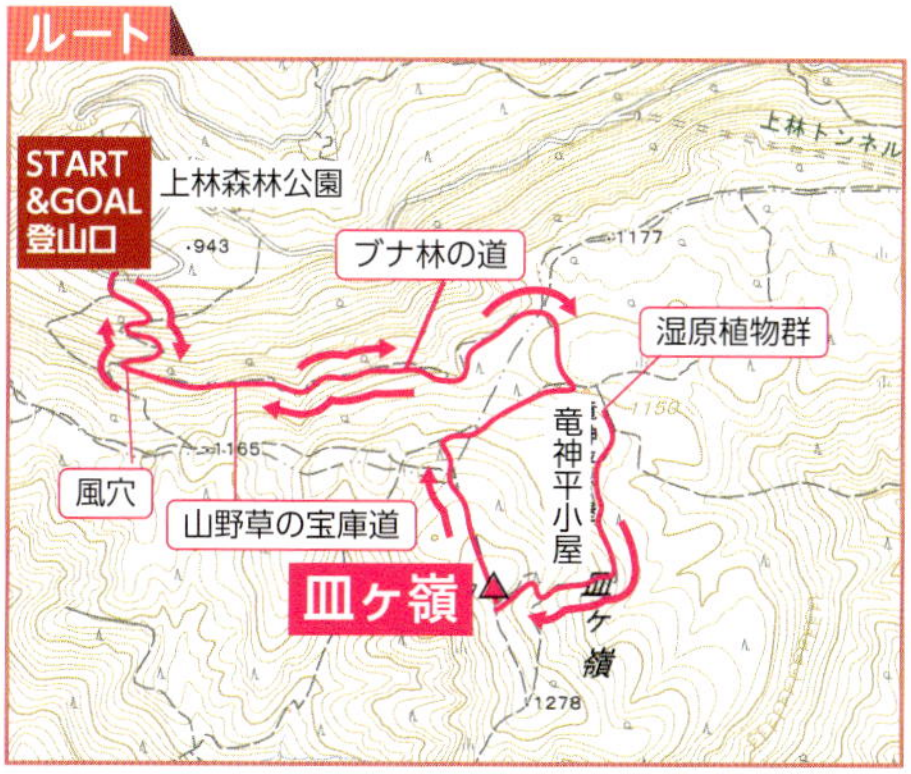

アクセス　上林森林公園駐車場まで車で移動

山頂

山頂への道

緩やかな登坂

登山口付近を俯瞰する

紅葉の名所「道の駅 霧の森」

低山

塩《しお》塚《づか》峰《みね》

幻想的な高原漫歩を満喫

73 四国中央市・徳島県三好市

コースデータ

徒歩総時間
1〜2時間

楽しめる期間
通年

おすすめの季節
緑の絨毯・新緑時期、ススキの穂が揺れる秋

歩行距離
約2キロ

標高
1043m ※標高差約110m

魅力満喫度

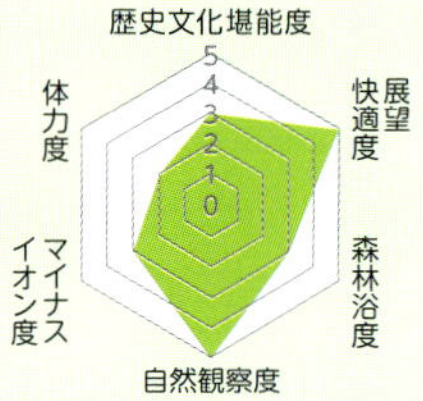

立ち寄りスポット

道の駅 霧の森

清流・馬立川のせせらぎが静かな BGM となる道の駅である。地域の特産である新宮茶を使ったお菓子が味わえる茶カフェや、地元の食材から編み出されたメニューを揃えた食事コーナーもある。四季折々の風情を感じられるが、特に紅葉の時期には目を奪われるような美しい風景が広がる。

11月山麓からの展望

四国百名山の1つ

愛媛県と徳島県の県境に位置するこの山の名前「塩塚」は、かつて阿波の国と伊予の国を結ぶ塩を運搬するルート上にあったことに由来するともいわれている。山麓には広大な草原状の風景が展開しており、この草原帯では100年以上前から、地元農家が茅葺《かやぶ》き屋根の採草地として利用してきた。

良質な茅（イネ科のススキなど）などを採るために山焼きが行われていたが、中断と再開を繰り返した後、現在は茅肥を守るためや希少生物など生物多様性の保護、ならびに観光素材として3月に行われている。約20ヘクタールに広がる草地が炎に包まれる様子は圧巻であり、当地の春の風物詩となっている。

標高1000mを超える山頂までの実質的な標高差は約110mであり、誰でも気軽にアプローチできる。山頂からの展望は、瀬戸内海の多島美世界、讃岐平野、そして四国の名山である剣山と石鎚山にまで及ぶ大絶景である。

アクセス 霧の高原駐車場まで車で移動

低地

滑床《なめとこ》渓谷《けいこく》フットパス

苔むす渓谷から雪輪の滝への道

74 北宇和郡松野町・宇和島市

渓谷入り口

マイナスイオンが充満する渓谷

雪輪の滝

整備された遊歩道

森の国ホテル

コースデータ

徒歩総時間
2〜3時間

楽しめる期間
通年

おすすめの季節
新緑の5〜6月・盛夏の避暑季節・紅葉の季節

歩行距離
約5キロ

行程概要
標高差約70mの渓谷沿いの道

魅力満喫度

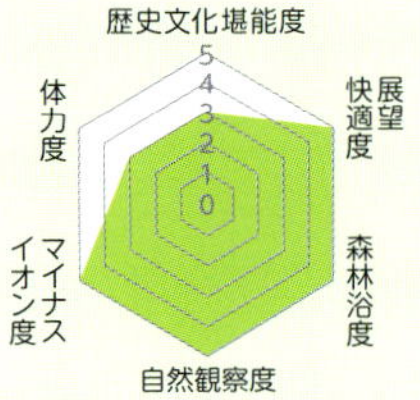

立ち寄りスポット

森の国ホテル

このホテルは、滑床渓谷の入り口付近にある。森と川に囲まれた自然豊かな場所にあり、夜は絶対的な静寂世界に包まれる。渓谷の緑に映える白い漆喰の壁が夜になるとライトアップされ、闇夜に浮かび上がるのも幻想的である。フットパスの後にはメインロビーで寛ぎのひとときを過ごしたいものだ。

キャニオニングの名所

足摺宇和海国立公園の中でのフットパス

清流・四万十川水系の支流であるこの渓谷は、足摺宇和海国立公園に属し、鬼ケ城山系を源流とする峡谷美で知られている。花崗岩が長い歳月の中で深く侵食され、洗い清められた河床を持つのが特徴である。千畳敷や出合滑と呼ばれる滑らかな一枚岩の広大な岩肌を、豊かな水量の清流が滔々と流れるさまは、訪れる人々の心と体を芯から癒してくれる。

とりわけ美しいのが雪輪《ゆきわ》の滝。高さ80mの滑らかな岩肌を清澄な水が雪の輪のような水紋を残しながら流れ落ちる。その姿は、まるで天女の羽衣が揺れているようでもあり、霊性さと華麗さを兼ね備えた絶景で、日本の滝１００選にも選ばれている。渓谷沿いには、雪輪の滝のほかにも霧ヶ滝や落合淵などの景勝地が点在している。また、アマゴやウグイなどの渓流釣りや、夏のキャニオニングのスポットとしても人気が高い。

ルート

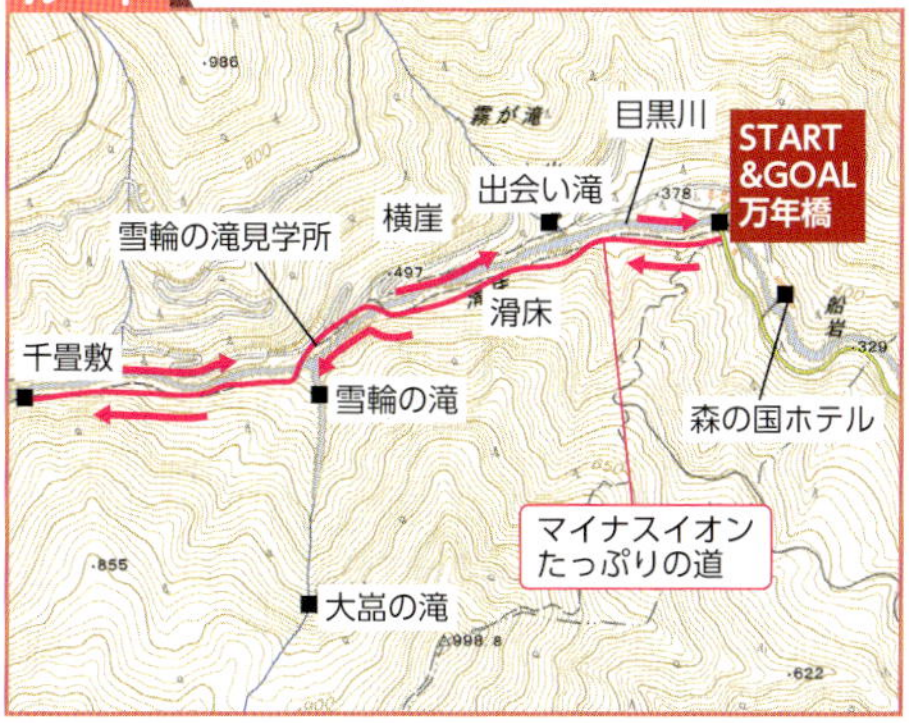

 アクセス 宇和島道路・松山自動車道宇和島北ICから歩き始め地点まで車で約60分

低山

星《ほし》ヶ《が》城《じょう》山《やま》

日本三大渓谷美を堪能

山頂・東峰にある石塔

巨岩と紅葉（寒霞渓にて）

登山参詣道入り口

寒霞渓から星ヶ城山への道

秋の寒霞渓（表 12 景）歩き

立ち寄りスポット

寒霞渓（かんかけい）裏８景

寒霞渓には表 12 景、裏 8 景と呼ばれる奇岩・巨岩の名所が点在する。裏 8 景は鹿岩、松茸岩、幟岳、石門、石門洞、大亀岩、二見岩、螺貝岩などがある。その中でも、石門洞は弘法大師・空海が籠って修行をしたといわれる伝説地であり、自然の岩の門があることから石門洞と呼称される。寒霞渓でも有数のもみじの名所である。

75 小豆郡 小豆島町

コースデータ

徒歩総時間
3～4時間

楽しめる期間
通年

おすすめの季節
紅葉の季節

歩行距離
約4キロ

標高
816m

魅力満喫度

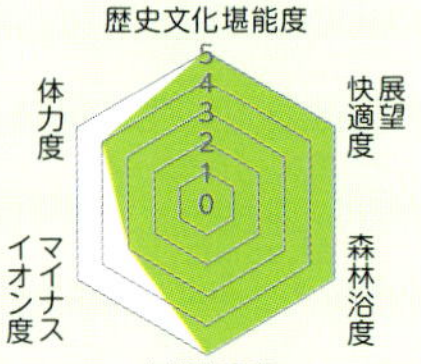

紅葉の名所 寒霞渓を見下ろす

奇岩・巨岩の霊域を歩く

寒霞渓をはじめとするこの山域一帯は、約1300万年前の火山活動によって形成された安山岩層や火山角礫岩層などが、長い年月をかけて風化・侵食されたことで、他に類をみない奇岩と崖地の絶景を創りあげたのである。

星ヶ城山は別名・嶮《けん》岨《そ》山《ざん》とも呼ばれており、その峻険な山姿が想像できる。山麓の寒霞渓は、日本三大渓谷美の1つであり、日本書紀にも記述がある景勝地である。その昔、鉤懸山《かぎかけやま》とか、神懸山《かみかけやま》などと呼称されていたくらい神域として崇められていた。秋になると、寒霞渓をはじめ山域全体が紅葉に彩られ、多くの人々の目を和ませている。星ヶ城山へのアプローチは、寒霞渓表12景を眺めながら進むルートがいいだろう。帰路はロープウェイを使うが、体力と時間に余裕のある場合は、裏8景を下っていくルートも考えられる。

ルート

アクセス 寒霞渓ロープウェイ・こううん駅まで車で移動

低山

屋《や》島《しま》（南嶺）

源平合戦の古戦場を望む山

古代山城屋嶋城

高松港の背後にある屋島

屋島寺山門

屋島寺境内の狸像

巡礼路

76 高松市

コースデータ

徒歩総時間
2〜3時間

楽しめる期間
通年

おすすめの季節
4月桜開花時期・
11月紅葉時期

歩行距離
約4キロ

標高
292m

魅力満喫度

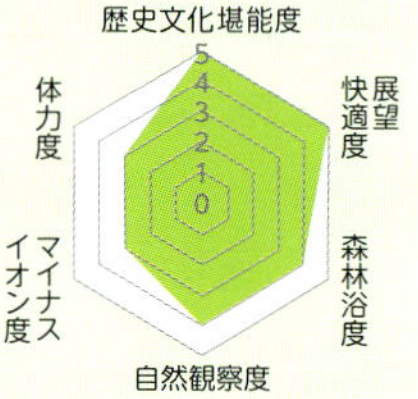

立ち寄りスポット

古代山城屋嶋城（こだいやましろやしまのき）

白村江《はくすえ》の戦い以降、唐・新羅連合軍からの侵攻に備えて、太宰府周辺から瀬戸内海沿岸に造られた朝鮮様式山城の1つである。長らくその全貌が明らかにされていなかったが、近年の調査により山上部付近には断続的ながら外郭線（防御ライン）としての城壁が巡っていることが確認されている。

山頂周辺からの眺望

四国巡礼の道・お遍路を歩く

この山は、高松市街地から北東方角にテーブル様の山姿で聳えている。屋島は源平合戦の古戦場としても知られるが、現在では高松市民憩いの里海・里山エリアとなっている。今回紹介するルートは、四国霊場八十八ヶ所巡りの第84番札所・屋島寺へと続く遍路道であり、長年にわたり巡礼者らの祈りと願いが蓄積された参詣道でもある。それだけに、道の途上には、史跡や霊跡などの見どころも点在している。

弘法大師・空海の祈祷により岩間から水が湧き出した「加《か》持水《じすい》」や、梨にかかわる空海伝説の残る「不喰梨（くわずのなし）」、そして西行法師が屋島寺をお参りしたときに詠んだ歌の歌碑などである。屋島寺本堂の隣にある蓑山《みのやま》大明神には、ジブリ映画のキャラクターのモデルになった狸像も並んでいる。登拝の前後には、ぜひ獅子の霊巌展望台からの絶景を満喫してほしい。特に夕暮れ時のパノラマには時の過ぎるのを忘れてしまうことだろう。

ルート

アクセス 屋島レクザムフィールド駐車場まで車で移動

低地

男《お》木《ぎ》島《じま》・女《め》木《ぎ》島《じま》フットパス

瀬戸内海の真珠（島）巡り

男木島の夕暮れ時

瀬戸内海の夕暮れ時

高松港からの船便

男木島の港から

女木島の鬼ヶ島大洞窟内部

77 高松市

コースデータ

徒歩総時間
2〜3時間

楽しめる期間
通年

おすすめの季節
1月水仙の花盛り時期

歩行距離
約4キロ

行程概要
標高差の少ない島歩き

魅力満喫度

立ち寄りスポット

女木島（鬼ヶ島大洞窟）

瀬戸内海にいくつかある桃太郎伝説が残る土地の1つである。鷲ヶ峰山麓にある洞窟の中では、ユニークな鬼の模型が出迎えてくれる。天井部分にはノミでの採掘跡もあるが、ここは昔話の世界にどっぷりと身を浸しながら見学したいものである。港から洞窟の往復は5.5キロ・徒歩1時間半程度。シャトルバス運行もある。

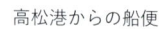

映画のセットのような夕暮れ時

源平合戦で那須与一が射た扇が流れついたことから「おぎ（扇）」の島名が付いたといわれている。この男木島と隣の女木島と合わせて雌雄島《しゆうじま》とも呼ばれる。男木島の斜面には、軒を連ねる家並みが重なり合うように立ち並び、小さな坂の路地が迷路のように入り組んでいる。その家並みの外れから、島の北端にある男木島灯台まで続く散策道がはじまる。

この灯台は、明治28年に造られた全国でも珍しい御影石造りであり、映画「喜びも悲しみも幾年月」のロケ地にもなっている。灯台の背後には水仙の咲き誇る丘の道がある。時間に余裕があれば夕暮れ時までこの地に滞在し、夕陽を浴びて薄ピンク色に染まる水仙群とともに、瀬戸の波間を航行する船の姿を鑑賞したいものである。そして、再び港近くの家並みへ戻ると、夕陽からの斜光が家々を紅色に染め上げ、坂道の石段や路地の石畳がまるで映画のセットのように思えてくるのである。

男木島の水仙畑と灯台

アクセス 高松港から船便あり。高松→女木島 約 20 分。女木島→男木島 約 20 分

低山

紫《し》雲《う》出《で》山《やま》

浦島太郎伝説の残る里山

浦島太郎墓碑の由来板

紫出山山麓からの朝霞

登山口付近

桜の名所

遊歩道沿いは季節の彩りが豊である

78 三豊市

コースデータ

徒歩総時間
2〜3時間

楽しめる期間
通年

おすすめの季節
桜開花時期から初夏のアジサイ開花時期

歩行距離
約5キロ

標高
352m

魅力満喫度

立ち寄りスポット

浦島太郎墓碑

荘内半島には浦島太郎所縁の地名が点在する。伝説地といわれる場所は、生誕の地・生里（なまり）、宝を置いた地・積（つみ）、玉手箱のふたを開けた地・箱（はこ）、箱から煙が上がったのが紫雲出山などである。そして箱地区には、浦島太郎本人と両親のものと伝えられる小さな3つの墓が、諸大龍王の碑の背後に並べられている。

4月 山頂からの瀬戸内海

日本のおとぎ話世界に身を浸す

日本でも1つしかない山名である。「紫の雲が出る山」からも想像できるように、この山は日本を代表するおとぎ話『浦島太郎』の物語伝承地の1つである。浦島太郎伝説は日本各地に存在するが、その中でも荘内半島にはリアリティある地名が数多く残されている。

荘内半島の突端部に位置するこの山からの眺望は素晴らしく、瀬戸内海の多島美世界が一望できる。玉手箱を開けて一気に年をとってしまう浦島太郎とは対照的に、ここでは時の経つのを忘れさせてくれる。山頂部一帯には、約1000本の桜が植樹されている。4月上旬の開花時期には、紫の雲ならぬ薄紅色の桜吹雪が海からの風に舞い、まさに竜宮城にいるような気分にさせてくれる。初夏になると、数々の紫陽花が開花し、高貴なバイオレットの世界へと変貌するのである。

また、山麓での車中泊などもお勧めである。早朝の日の出前に眺める瀬戸内海には言葉を失うだろう。

アクセス 大浜漁港駐車場まで車で移動

低山

飯《いい》野《の》山《やま》（讃岐富士）

讃岐平野を見下ろすミニチュア富士

巨人伝説の残る巨岩群

登山道からの丸亀市方面

四国の高速道から

山頂部にある磐座

山頂にある昭和天皇歌碑

79 丸亀市・坂出市

コースデータ

徒歩総時間
3～4時間

楽しめる期間
通年

おすすめの季節
新緑5月・紅葉の11月

歩行距離
約5キロ

標高
422m

魅力満喫度

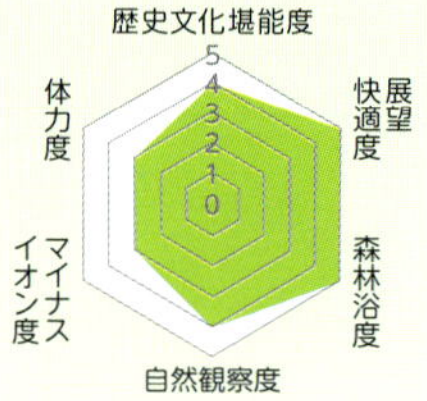

立ち寄りスポット

昭和天皇の歌碑

山頂には、昭和天皇が摂政官だった大正 11 年（1922）、陸軍の演習で讃岐地方を訪れた際、この山を見て詠まれた歌「暁に駒をとどめて見渡せば 讃岐の富士に雲ぞかかれる」の記念歌碑が建っている。この歌碑からも、この山がミニチュア富士と見なされていたことが理解できるだろう。

ミニ富士山の山容

巨人伝説の地を歩く

瀬戸大橋を挟んで岡山県側の海岸部から見ても、小ぶりながら優雅な円錐形の山姿は、周囲の山々の中でも群を抜いた美しさを誇っている。山麓の樹林の合間には瀬戸内海や讃岐平野が遠望できるポイントが点在し、訪れる人々の心を癒してくれている。この山にはユニークな物語が残されている。

伝承では「おじょも」という巨人がおり、日本中を歩きながら山を造ったといわれている。その巨人は瀬戸内海を一跨ぎした後に讃岐の国に到来し、富士山に似たおむすびのような三角形の山を造ったそうである。これが通称「讃岐富士」と呼ばれる飯野山であるといわれている。

山を造った後、尿意を催した巨人は、この山と琴平町にある象頭山（大麻山）に両足をかけて跨ぎ、大雨のような小便をしたという。それが大きな流れとなり、香川県唯一の一級河川である現在の土器《どき》川になったという物語である。その際に足をかけたときの足跡伝承が、山頂部下の巨岩に残されている。

アクセス 高松自動車道坂出 IC から登山口まで車で約 10 分

低山

我《が》拝《はい》師《し》山《さん》

弘法大師・空海伝説の霊山

捨身ヶ嶽禅定

満濃池

出釈迦寺

山麓からの瀬戸内海方面

80 善通寺市

コースデータ

徒歩総時間
2～3時間

楽しめる期間
通年

おすすめの季節
秋の紅葉時期

歩行距離
約3キロ

標高
481m

魅力満喫度

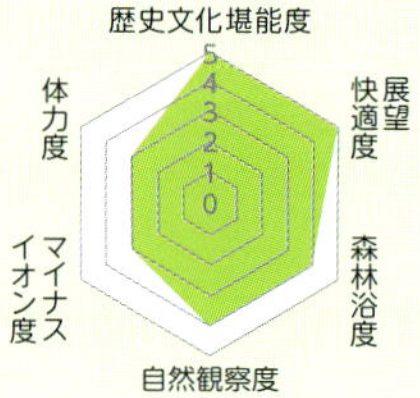

立ち寄りスポット

満濃池（登山口から車で 30 分）

香川県のまんのう町にある満濃池は、讃岐平野で最大の農業用のため池である。かつては決壊を繰り返し、下流の農民を悩ませていた。この堤防の修築に尽力したのが、讃岐出身の弘法大師・空海と伝えられている。アーチ形の堤防は、土木工学に精通していた空海が初めて考え出したともいわれている。現在も豊富な水量を蓄えている。

我拝師山参拝口

弘法大師が幼少時に身を投げた山

善通寺市にある五岳山《ごがくさん》（香色《こうしき》山《ざん》・筆《ふで》ノ《の》山《やま》・我拝師山・中山《なかやま》・火《ひ》上《あげ》山《やま》）と呼ばれる山塊の最高峰であるこの山は、弘法大師の幼少期にまつわる伝説「捨身《しゃしん》ヶ《が》嶽《だけ》」縁起ゆかりの地でもある。弘法大師が「真魚（まお）」と呼ばれていた7歳のとき、この山へ登ったと伝えられている。そして、諸仏に我が身を捧げる願いを込めて断崖絶壁から身を投じた。すると、紫色の雲が湧き、釈迦如来と羽衣を纏う天女が舞い降り、雲の中で弘法大師を抱きとめたという伝承物語である。

この霊験により、空海が「我れ師（釈迦如来）を拝す」として現在の山名になったと伝えられている。その後、堂宇が建てられ「捨身ヶ嶽禅定」と呼ばれる札所となったが、現在では麓にある出釈迦寺の奥ノ院となっている。境内から山頂までの途上には、空海が身を投じたと伝えられる場所もあり、そこからは足のすくむような深い谷底と、讃岐平野や瀬戸内海の絶景が広がっている。

ルート

アクセス 出釈迦寺奥ノ院禅定参道口近くの駐車場まで車で移動

低山

横《よこ》倉《くら》山《やま》

牧野富太郎ゆかりの里山

佐川町にある牧野博士生誕地

馬鹿だめしの断崖絶壁

登山口

ヨコグラノキ

横倉山自然の森博物館

81 高岡郡越知町

コースデータ

徒歩総時間
2〜3時間

楽しめる期間
通年

おすすめの季節
新緑5月・
紅葉の10・11月

歩行距離
約3キロ

標高
793m

魅力満喫度

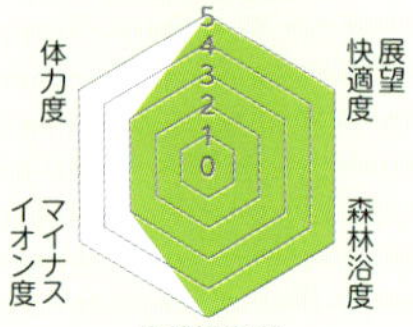

立ち寄りスポット

牧野富太郎生誕地

2023 年前期放送の NHK の朝ドラ「らんまん」で再びその名が全国区となった、世界的な植物学者・牧野富太郎博士。博士は、文久 2 年（1862）4 月に、横倉山登山口から車で約 30 分の高知県佐川町にて、酒造業「岸屋」のひとり息子として生まれた。その生家や所縁の建物などが保存され内部を見学できる。

安徳天皇陵墓参考地

歴史的事象に彩られた山麓を歩く

４億年前の古生代期のサンゴ礁より形成されたといわれる、この山の石灰岩は最古の化石ハチノスサンゴなどの化石を含んでいる。

日本の「最古の山」に属するこの山には、ほかにはない貴重種の樹木や植物が育成していた。その貴重種を牧野富太郎が発見し、ヨコグラノキやヨコグラックバネなどと命名したのである。それだけ山麓には、地相学的にも植相学的にも壮大な歴史空間が横たわっている。

さらに、この山には悲しい歴史的伝承が残されている。それは壇ノ浦での源平合戦に敗れ、平家の落人と伴に安徳天皇がこの地に落ち延びてきたという言い伝えである。伝承では、安徳天皇はその後、この地に約10年逗留、正治２年（１２００）23歳の若さで崩御され、この山中に葬られたという。山麓には宮内庁による陵墓参考地とされる一画もある。

アクセス　横倉山第３駐車場まで車で移動

低地

坂《さか》本《もと》龍《りょう》馬《ま》脱《だっ》藩《ぱん》の道《みち》フットパス

幕末を駆け抜けた男の軌跡

82 高岡郡梼原町

コースデータ

徒歩総時間
2〜3時間

楽しめる期間
通年

おすすめの季節
坂本龍馬が脱藩時に梼原町を通過した3月24・25・26日前後

歩行距離
約5キロ

行程概要
標高差約100m以内の田舎道

魅力満喫度

隈研吾氏設計の図書館

森へと入っていく道

各所にある案内板

六志士の墓

梼原の街並み

立ち寄りスポット

雲の上の図書館

2021年夏に開幕された東京オリンピック時のメイン会場・新国立競技場を設計したことで知られる、建築家の隈研吾氏による設計図書館である。森林経営が盛んな梼原町産の木材をふんだんに活用しており、1100年余に及ぶ独自の文化を保存・継承し、情報の発信基地となることを目指す目的で2017年に建てられた図書館である。

維新の門にある志士像

坂本龍馬脱藩の道筋

梼原町《ゆすはらちょう》の北端にある韮ヶ峠《にらがとうげ》は、土佐藩（高知県）と伊予松山藩（愛媛県）との国境である。嘉永6年（1853）のペリー来航以来、時代は大きく揺れ動き、日本各地で若い志士たちが行動を起こし始める。

幕末の動乱期である文久2年（1862）の春3月、坂本龍馬は同志・澤村惣之丞とともに、24日高知城下を出奔する。25日には梼原に到着し、その夜梼原の勤王の志士、那須俊平・信吾父子の家に泊まる。翌26日未明より俊平・信吾父子の道案内にて宮野々番所を抜け、国境・韮ヶ峠を越えて伊予の国（愛媛県）へと脱藩したのである。そして伊予の大洲・長浜を経由し、長州の下関へと至っている。

今回紹介するフットパスコースは、そのほんの一部（梼原町内）ではあるが、各所に見どころが点在する。特に和田城跡に建てられた、坂本龍馬や那須信吾・俊平父子ら梼原町ゆかりの志士達の群像がある「維新の門」は当時のエネルギーを感じさせてくれる。

低地

四《し》国《こく》カルストフットパス

澄みきった碧空の下、天空の草原道を歩く

83 上浮穴郡久万高原町・高岡郡津野町

コースデータ

徒歩総時間
2〜3時間

楽しめる期間
通年

おすすめの季節
避暑の盛夏・ススキの11月

歩行距離
約8キロ

行程概要
標高差約100m以内の高原道

魅力満喫度

星ふるヴィレッジからの雲海

カルストのすぐそばを歩く

歩き始めの姫鶴平

牧草地の花々

牧草地の牛

立ち寄りスポット

星ふるヴィレッジTENGU

四国カルストの天狗高原にあり、宿泊・食事もできる施設。館内のプラネタリウムでは、星空の投影や津野町の雄大な自然景観、文化・歴史などの映像を鑑賞することもできる。天候条件が整えば、標高1485mを超える施設内から、早朝に発生する壮大な雲海を見ることもできる。

天空の散歩道

カルスト地形の魅力を辿る

「カルスト」という言葉は、旧東欧の国・スロベニアのクラス地方に語源があるといわれている。クラス地方には、中生代白亜紀から新生代第三紀初頭にかけて堆積した石灰岩が厚く分布する地形が広がっている。水に溶解しやすい石灰岩で構成された大地が、雨水や地下水などによって侵食されてできた地形をカルストと呼ぶ。

　日本で三大カルストといわれる場所はすべて西日本に所在している。山口県の秋吉台、福岡県の平尾台、そしてここ四国カルストである。この中で四国カルストの標高は断トツに高く、1400m前後もある。広々とした尾根筋に展開するカルスト地形は、まさに天空の風景といっても過言ではないだろう。東側から天狗高原、五段高原、姫鶴平《めづるだいら》などのなだらかな草原状の風景の中に、露出した白い石灰岩の塊が点在するのである。遠くから眺めていると、まるでスコットランドの丘で草を食む羊の群れの如くである。

ルート

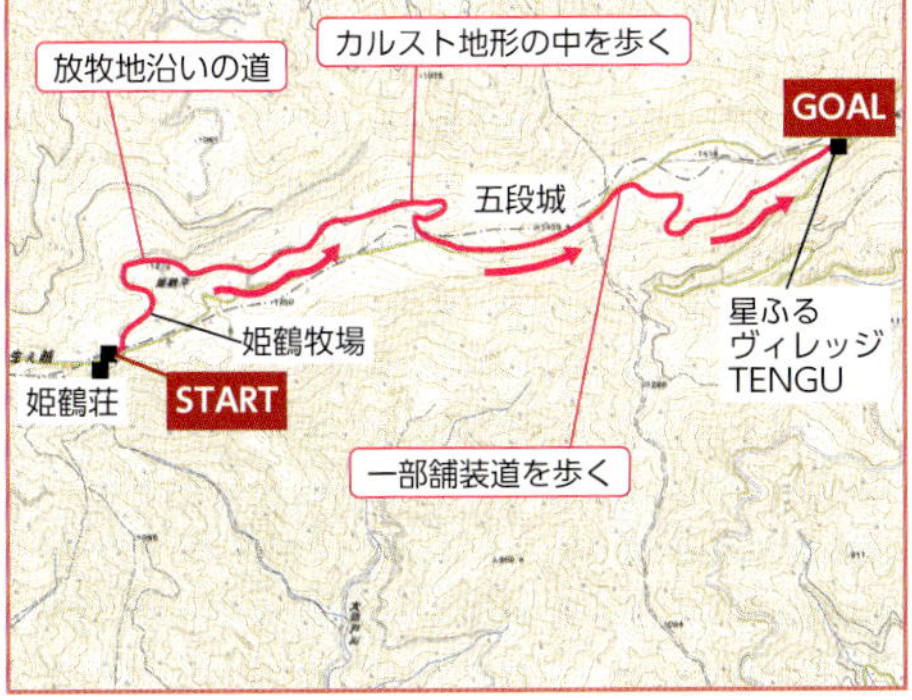

アクセス 歩き始めの姫鶴平まで車で移動

低地

仁《に》淀《よど》川《がわ》源《げん》流《りゅう》域《いき》フットパス

仁淀ブルーの源・中津渓谷を辿る

84 吾川郡
仁淀川町

コースデータ

徒歩総時間
1時間

楽しめる期間
通年

おすすめの季節
初夏の深緑、避暑の夏、晩秋の紅葉

歩行距離
約4キロ

行程概要
標高差約100m以内の峡谷道

魅力満喫度

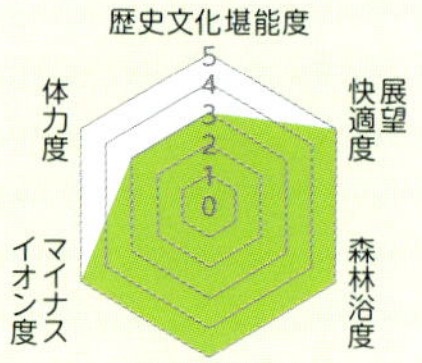

にこ淵

マイナスイオン満喫道

整備された遊歩道

コバルトブルーの水

中津渓谷を歩く

立ち寄りスポット

にこ淵

仁淀川の支流・枝川川にあり、仁淀ブルーの名を高めた淵である。四国地方整備局が企画した四国八十八景にも「碧の秘境」として選定されている。ここには悲しい運命を背負った少女の化身とされる水神・竜神が棲んでいるといわれており、地元の人たちは近づかない神聖な所とされている。

仁淀ブルーの水源域を辿る

　仁淀川は、吉野川や四万十川に次いで四国で3番目に長い川である。四国山脈にその源を発し、土佐湾に注ぐこの川は、国土交通省が実施する全国の一級河川の水質ランキングで、過去10年間で8回日本一に選ばれている。四国の清流では四万十川の知名度には及ばないが、「仁淀ブルー」と呼ばれる青みがかった透明度の高い水質である。その背景には、急峻な地形のため水流が速く不純物が少なく、水温は低く藻が繁殖しにくいなど、特異な環境があるといわれている。その「仁淀ブルー」の醍醐味を体感できるのが、この中津渓谷である。峡谷沿いに整備された遊歩道にはマイナスイオンが充満しており、歩く人すべての肺を浄化してくれる。また、道のそばには苔むした石や岩が点在しており、そっと手で触れたくもなる。

　クライマックスは雨竜の滝であろう。断崖が両サイドから迫る中、落差20mもの段瀑が眼前に突如現れる光景は、まさに圧巻である。

雨竜の滝

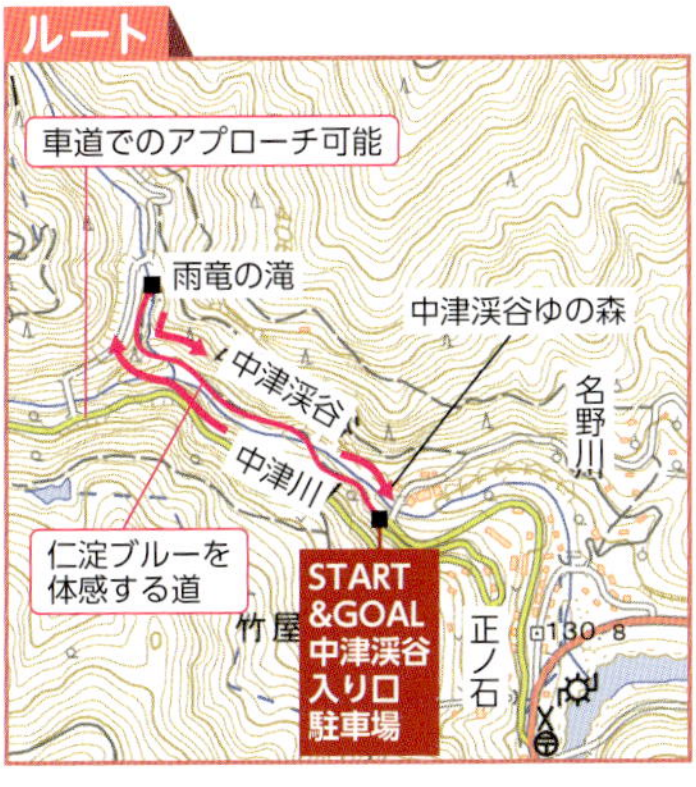

アクセス　高知自動車道高知 IC から中津渓谷入口まで車で約 60 分

低地

唐《とう》人《じん》駄《だ》馬《ば》巨《きょ》石《せき》群《ぐん》フットパス

超古代のミステリースポットを歩く

ジョン万次郎資料館

巨石群

登山道

鏡岩

唐人駄馬遺跡

85 土佐清水市

コースデータ

徒歩総時間
1〜2時間

楽しめる期間
通年

おすすめの季節
冬の陽だまり時期

歩行距離
約1キロ

標高
260m

魅力満喫度

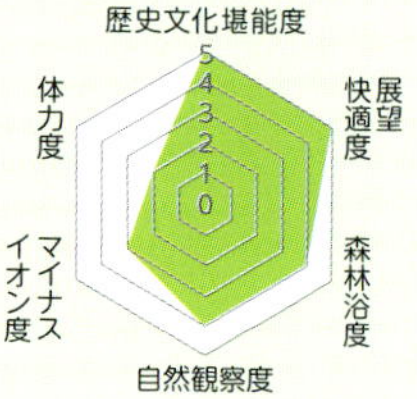

立ち寄りスポット

ジョン万次郎資料館
(唐人駄馬遺跡から車で約30分)

幕末の頃、坂本龍馬などにも影響を与えたジョン万次郎は、現在の土佐清水市中浜で貧しい漁師の子として生まれた。14歳のときに漁の最中、遭難してアメリカの捕鯨船に救助される。その後、アメリカで英語や航海術などを習得したうえで日本に帰国する。そんな波乱万丈の生涯がパネル展示で紹介されている。

巨石群から太平洋を望む

縄文人の思索に想いを馳せる

「唐人」とは異人を意味し、「駄場」とは平らな土地を指す言葉である。足摺半島南岸一帯は花崗岩で形成されており、各所に岩魂の露出が見られる。その中でも、ここ唐人駄馬遺跡の巨石群は群を抜いている。高さ6〜7mもある巨石が林立し、さながら巨石迷路のような不思議な空間である。この遺跡は、太古の巨石文明の名残りではないかともいわれるが、この場所からは縄文時代早期（紀元前5000年頃）から弥生時代にかけての石器や土器片、黒曜石の矢じりなどが数多く出土している。

　巨石群は、ナイフのような鋭角に切り立つ岩や、テラスのような平らな展望台状の岩など、多種多彩な奇景が広がり、時の経つのを忘れるくらいである。千畳石と名付けられたテラス様の巨大岩からは、太平洋の海原が一望できる。古代の縄文人たちは、この広大なパノラマを見ながら何を思索していたのだろうか。

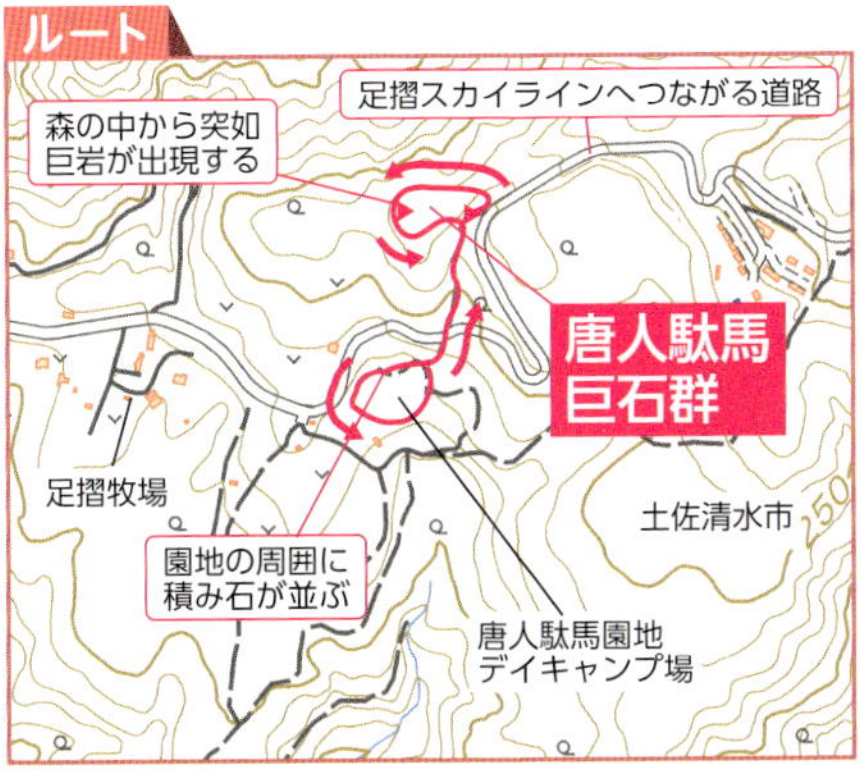

アクセス　唐人駄馬遺跡駐車場まで車で移動

低山

高《こう》越《つ》山《ざん》

忌部修験道の謎に迫る

忌部神社

幻想的な森

霊域への入り口

山頂部にある弘法大師像

5月のツツジ群生地

86 吉野川市山川町

コースデータ

徒歩総時間
2〜3時間

楽しめる期間
通年

おすすめの季節
5月オンツツジ咲く時期

歩行距離
約6キロ

標高
1133m

魅力満喫度

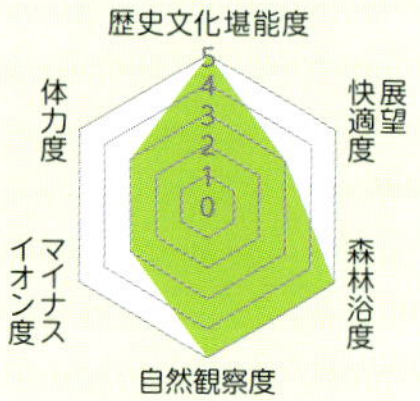

立ち寄りスポット

忌部（いんべ）神社
（船窪つつじ公園から車で約60分）

吉野川市山川町忌部山にある神社である。「忌部山」という地名が示すように、この一帯は古代より阿波の忌部氏が治めていたと推定されている。阿波忌部とは、古代の宮中祭祀を担当した忌部氏に従属した集団である。神社の主祭神は阿波忌部の祖神・天日鷲神（あめのひわしのかみ）である。

修験道行者

弘法大師・空海伝説と修験道の霊山

この山は「阿波富士」とも呼ばれ、古来阿波国の人々が親しみを覚えてきた山域である。山頂部には弘法大師・空海の立像があり、地元でも12世紀頃から弘法大師に纏わる伝承が語りつがれている。それにもかかわらず、四国八十八ヶ所の霊場（札所）には選ばれていない。修験道としての行場であったことが、その背景にあるのではないかとも推察されている。

山上部にある高越寺に残る江戸時代の古文書によれば、開創は役小角《えんのおづぬ》ともされている。別の古文書には、鎌倉時代に山域一帯が山岳修験道の拠点として栄えていたとの記述もある。諸説あるようだが、高越寺は山麓下にある忌部神社の別当として、忌部修験道という独特の修験道一派の母体となったともいわれている。奥の院には蔵王権現が祀られている社があり、境内には役行者の像などもある。

毎年8月には、恒例の祭事・十八山《じゅうはちやま》大護摩が営まれる。5月にはオンツツジが満開となり、山腹一帯を護摩の炎の如く真っ赤に染め上げる。

アクセス 船窪つつじ公園駐車場まで車で移動

低山

眉《び》山《さん》

徳島市民の憩いの山

公園にあるモラエス像

巨樹（ひこばえ）の中の道

登山口にある徳島眉山天神社

山頂部にある劔神社

山頂部にあるパゴダ

立ち寄りスポット

モラエス像

山頂駅近くの公園には、徳島の地で没したポルトガル海軍士官であり、在日ポルトガル領事館の総領事も務めたヴェンセスラウ・デ・モラエスの像がある。徳島出身の芸者と出会い、その後公職を辞して徳島に移住したが、晩年は孤独な独り暮らしを送った。像の視線は、遠く離れた祖国ポルトガルの方角に向けられている。

87 徳島市

コースデータ

徒歩総時間
1〜2時間

楽しめる期間
通年

おすすめの季節
桜の開花時期

歩行距離
約2キロ

標高
277m
（※ロープウェイ山頂駅）

魅力満喫度

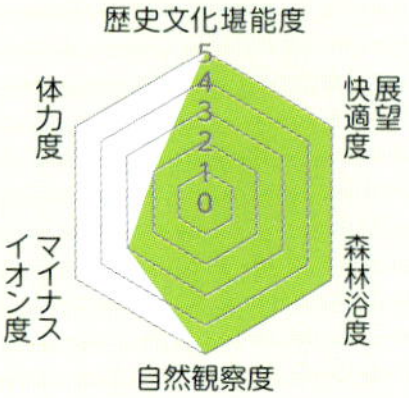

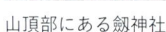

早朝5時前、山頂部から徳島市内

風光明媚な世界を体感できる場所

諸説あるようだが、「眉のごと雲居に見ゆる阿波の山…」と万葉集にも詠まれたことが、山名由来ともされている。確かに吉野川北岸あたりから眺めると、女性の美しい眉のような山容である。

　徳島市中心部のすぐ西側に位置しており、山麓にある森や公園、展望所などは市民の憩いの場として親しまれている。中には、市内から毎朝走って登る鍛錬者もいるそうである。

　ロープウェイ山頂駅付近からの眺望は、まさに四周壮観の一言である。東方向には紀伊水道を挟んで紀伊半島の山並みがうっすらと見え、また淡路島や四国の名峰・剣山までのパノラマが広がっている。お勧めの時間帯は、夕暮れ時から宵の口、日の出前である。徳島市内の夜景とともに、朝焼けの光景が眼下に広がる。夜はロープウェイで下山できるが、日の出前の光景を見るにはタクシーなど車でアプローチするしかない。

（※タクシーは片道2000円前後）

アクセス JR徳島駅から「あわぎん眉山ロープウェイ」横の登山口まで徒歩約15分

column

低山は聖と俗が交わるパワースポット 3

清々しい空気が心と体を癒す

低山・神域としての神奈備山《かむなびやま》

低山を歩いていると、鬱蒼とした森に出くわすことがある。そのとき、自分の存在が森と一体化するような感覚を覚えたことはないだろうか。それはまさに目には見えないが、なにか大いなるモノとつながるような瞬間である。

神奈備山の「奈備《なび》」とは、古語である「なびる」が語源である。この「なびる」は、「お隠れになる」という意味を持っている。つまり、神がお隠れになる神域のことを神奈備山と称している。出雲地方における神名火山も同義語である。

民俗学者・折口信夫の弟子であり、神道考古学者の大場磐雄は、神奈備山の特徴を以下のようにまとめている。

1. 集落の近くにあって、神を斎くに適する清浄な地域
2. 山容が円錐形または笠形であり、聖地として感ぜられること
3. 全山樹林をもって覆われ、欝蒼たる緑樹に包まれていること

また、大場の調査から多くの神奈備山は標高400m以下であることも判明している。調査した72か所の36%が近畿地方に集中しており、島根県出雲地方にも多く点在している。大和盆地にある大神《おおみわ》神社のご神体である奈良県・三輪山《みわやま》(467m)は、神奈備山の代表格といっていいだろう。同じ大和盆地には畝傍山《うねびやま》(199m)、耳成山《みみなしやま》(139m)。それ以外にも大阪府・生駒山《いこまやま》(642m)、島根県・仏教《ぶっきょう》山《ざん》(366m)、広島県・木ノ宗山《きのむねやま》(413m)、香川県・飯野山《いいのやま》(421m)、福岡県・宮地山《みやちやま》(130m)など、東北地方から九州にかけて点在している。

三輪山登拝口(奈良県)

大神神社摂社・狭井戸神社(奈良県)

飛鳥の神奈備山(畝傍山・耳成山)

生駒山からの大阪平野(大阪府)

木ノ宗山(広島県)

宮地嶽神社参道(福岡県)

番外編の
低山・低地
13コース

関西・北部九州での
歴史・文化探訪歩き

京都府 1コース［低地1］

大阪府 1コース［低山低地1］

兵庫県 3コース［低山3］

福岡県 7コース［低山6・低山低地1］

佐賀県 1コース［低山1］

低地

京《きょう》都《と》トレイルフットパス

京都一周トレイル・至極の区間を歩く

88 京都市右京区

コースデータ

徒歩総時間
2〜3時間
楽しめる期間
通年
おすすめの季節
新緑季節・紅葉季節
歩行距離
約5キロ
(神護寺〜あだし野念仏寺)
行程概要
標高差約200m以内の
清滝川沿いの下り道

魅力満喫度

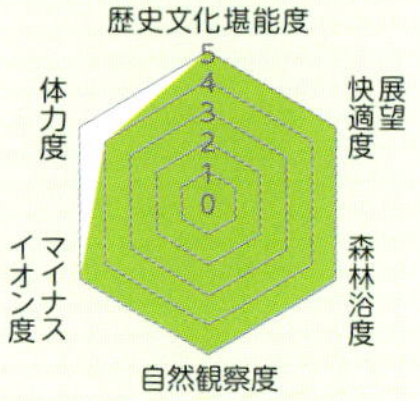

神護寺境内

溢れるマイナスイオン

木漏れ日がやさしい沢沿い道

巡礼者も歩く

愛宕念仏寺

立ち寄りスポット

神護寺(じんごじ)

平安京造宮の責任者であった和気清麻呂(わけのきよまろ)公が建てた愛宕五坊の1つである。唐への留学から帰朝した後、弘法大師・空海は大同4年(809)にこの寺に入山し、この地で真言宗立教の基礎を築いた。境内一帯は、春には満開の桜で彩られ、夏は蝉しぐれやひぐらしの鳴き音に包まれ、そして秋には紅葉色に染まる。

古都の北西縁にて静寂のひとときを味わう

近年にわかに注目されている「京都一周トレイル」とは、伏見桃山から北上し、比叡山・大原・鞍馬を経て、高雄・嵐山・苔寺までを結ぶ全長約84キロのコースと、京北地域の森林や河畔、里地などを歩く全長約48・7キロのコースで構成される。その中でも、景観のみならず歴史・文化の風土性などの至極区間といわれているのが、高雄から嵐山までのルートである。

歩き始めの高雄には「三尾の名刹」と呼ばれる槙尾山・西明寺、高雄（尾）山・神護寺、栂尾山・高山寺がある。そして終着地である嵐山には、愛宕念仏寺やあだし野念仏寺などの名刹が点在している。この2つの霊妙なる聖地を結ぶのが、清滝川沿いのフットパストレイルである。清滝川のせせらぎ音を耳にしながら、古都の北西縁で静寂のひとときを味わうことができる。特に秋の紅葉の季節には、まるでおとぎ話の世界に迷い込んだかのような気分に浸らせてくれる。

まるでおとぎ話の世界

アクセス　神護寺まで公共機関を使って移動

低山＋低地

天保山《てんぽうざん》＋岸辺フットパス

日本一の低さを競う人工の山

89 大阪市港区

コースデータ

徒歩総時間
1〜2時間

楽しめる期間
通年

おすすめの季節
すべての季節での日没前時間

歩行距離
約3キロ

行程概要
ほほ標高差のない舗装道

魅力満喫度

人魚姫「マーメイド像」

安治川

明治天皇観艦之所碑

商店街で無料発行されている登頂証明書

赤レンガ倉庫

立ち寄りスポット

築港赤レンガ倉庫

この倉庫は、天保山とは大阪港駅を挟んだ反対側に位置する歴史的な建造物である。明治時代末期から大正時代にかけて、住友倉庫によって建設された。煉瓦造りの重厚な外観が特徴で、現在ではその歴史的価値が認められ、観光地や文化施設、結婚式場などとしても活用されている。

天保山山頂

二等三角点のある山（人工）での日本一

仙台にある日和山《ひよりやま》と「人工の山での日本一の低さ」を競う山としても知られている。標高は4・53mで、自然の山ではないものの、二等三角点の存在と周辺環境条件からも観光名所として親しまれている。天保2年（1831）に、川や港の底を浚《さら》う作業による土砂を積み上げてできた山であり、当初は標高20mほどあったといわれている。山名は、その元号に由来している。登頂証明書は地元の商店会が無料で発行している。

山のすぐそばには明治天皇の観艦之所碑や、江戸時代に大規模な海運網の整備に貢献した河村瑞賢《ずいけん》の像もある。そのほか、周辺にも見どころが満載である。明治時代から続く安治川を横断する無料の渡し船で、対岸の此花区へも渡りたい。

また、天保山ハーバービレッジ周辺での岸辺巡りフットパスも推奨したい。このエリアには海遊館や大観覧車などとともに、大阪湾を望む美しい日没風景を味わえる岸辺が続いている。

ルート

アクセス　地下鉄中央線大阪港駅から徒歩約５分

低山

摩《ま》耶《や》山《さん》

摩耶夫人の懐に抱かれ夜景を楽しむ

忉利天上寺（摩耶山天上寺）にある法道仙人石像

旧摩耶大杉

史跡公園への階段

山頂への登坂

木漏れ日の道

90 神戸市

コースデータ

徒歩総時間
3～4時間

楽しめる期間
通年

おすすめの季節
新緑と紅葉時期・夜景観賞には冬時期

歩行距離
約5キロ

標高
702m

魅力満喫度

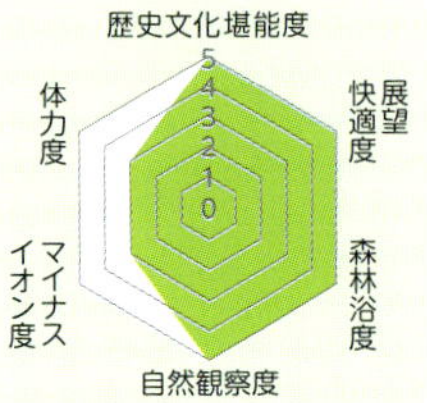

立ち寄りスポット

掬星台（きくせいだい）

「手で星を掬い取れるほど星が近くに見える」ことに由来する名前の展望地は、函館の函館山や長崎の稲佐山とともに、「日本三大夜景」の1つに選ばれている。遠くは大阪湾に浮かぶ船の灯りや、眼下の神戸市内の街灯りなどの夜景パノラマビューが楽しめる。

日本三大夜景の摩耶山掬星台から

国内に3つしかない貴重な山名

　摩耶山という名前の山は全国に3つしかない。山形県鶴岡市（1020m）、淡路市（359m）、そしてこの山である。名前の由来で共通しているのは、お釈迦様の母である「摩耶夫人」にちなむとされていることと、もう1つは山岳修験道に関係するということである。

　山形県の摩耶山は、修験の聖地・出羽三山に次ぐ霊峰として信仰の対象とされてきた。淡路島の摩耶山には巨大な磐座《いわくら》などが点在し、自然神道系の修験地と推定されている。そして、この山には大化2年（646）、孝徳天皇の勅願により、インドの伝説的な高僧・法道仙人が開創したと伝わる忉利天上寺《とうりてんじょうじ》がある。法道仙人にゆかりの寺は兵庫県下や広島県の瀬戸内沿岸に数多くあり、法道仙人はこの摩耶山を山岳修験の根本道場として、摩耶修験道の総本山にしたと伝承されている。寺の境内奥には法道仙人の立像が建っており、登山の後に出かけてみてほしい。

アクセス 阪急電車王子公園駅から青谷道登山口まで徒歩約 20 分

低山

書《しょ》写《しゃ》山《ざん》

大伽藍群に抱かれた癒し道を歩く

映画「ラストサムライ」のロケ地

広大な境内の参詣道

白山権現

摩尼殿の縁台より

自然の造形美世界

立ち寄りスポット

常行堂・大講堂・食堂

トム・クルーズ主演の映画「ラストサムライ」の主なロケ地となったのが、これら3つの堂である。山上にある大伽藍群が里山の自然と見事に融和した景観が、映画のロケ地として選ばれた背景にあるといわれている。映画を鑑賞した後に、この地を訪れるのも一興である。

91 姫路市

コースデータ

徒歩総時間
3～4時間

楽しめる期間
通年

おすすめの季節
紅葉季節の11月

歩行距離
約7キロ

標高
371m

魅力満喫度

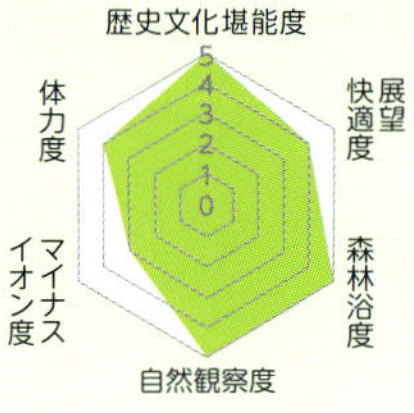

紅葉時期の摩尼殿

神霊さを感じる
山上の大伽藍群

山上には「西の比叡山」と呼ばれる書寫山圓教寺《しょしゃざんえんきょうじ》の大伽藍群《だいがらんぐん》がある。中世には、比叡山や大山とともに天台宗の三大道場と称された巨刹であった。開山した性空上人にはさまざまな伝承物語がある。九州の背振山《せふりさん》（福岡県）は、性空上人が若い頃に修行をしたとされ、星居山《ほしのこやま》（広島県）の山頂には、性空上人の御廟所と伝えられる宝篋印塔《ほうきょういんとう》がある。また、この山にはインドから渡来した僧・法道仙人が瀬戸内から飛来したという伝説も残されている。

こうした神霊さを伴う伽藍の代表格が摩尼殿《まにでん》である。摩尼殿からは山道迂回路を通り、山上の白山権現を経て大講堂へと下る道をとりたい。途中、巨樹の根が露出した森閑とした森道では神秘的な空気が漂っている。さらに、大講堂から金剛堂や奥之院まで足を延ばすと、大伽藍群の奥深さをより実感できることだろう。疲れを感じたら、復路はロープウェイ使用もできる。空中散歩で娑婆の下界へと下りて行こう。

アクセス 書写山ロープウェイの書写駅まで車で移動

低山

広《ひろ》嶺《みね》山《さん》

播磨陰陽道と牛頭天王の聖地

蘆屋道満塚宝篋印塔

廣峯神社入り口（上）、
牛頭天王像（廣峯神社配布）

御師の廃屋群

九星穴巡り

3月の山道

92 姫路市

コースデータ

徒歩総時間
1～2時間

楽しめる期間
通年

おすすめの季節
3月の落ち椿の季節・
5～6月の新緑時期・
11月の紅葉時期

歩行距離
約2キロ

標高
241m

魅力満喫度

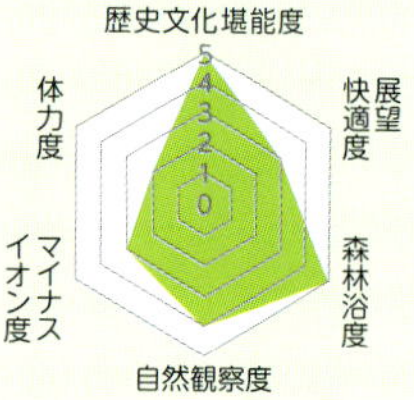

立ち寄りスポット

蘆屋道満（あしやどうまん）塚宝篋印塔
（佐用町大木谷747）

播磨国出身の蘆屋道満は、安倍晴明と同時期に存在したとされる陰陽師である。『宇治拾遺物語』によると、時の権力者である藤原道長の暗殺（呪殺）を企てたが、安倍晴明によって阻止され、故郷である播磨国の佐用へ追放となったという。その後も、この地で京都から訪れた安倍晴明と死闘を繰り広げたという伝説が残されている。

山道最奥部にある、左・吉備社　右・荒神社

牛頭《ごず》天王《てんのう》信仰の発祥地と播磨陰陽道

現在、牛頭天王は京都祇園の八坂神社の祭神として知られる疫病を防ぐ神である。この牛頭天王は、もともとインドの仏教聖地・祇園精舎の守護神であった。飛鳥時代前後に、その守護神をインドから渡来したという空鉢伝説の法道仙人が、日本で初めて広嶺山に招来したといわれている。いってみれば、日本における牛頭天王信仰発祥の地ともいえるだろう。

また、天平5年（733）、遣唐使であった吉備真備《きびのまきび》が帰朝する途中に、この山麓に社殿を建立したという。吉備真備は唐で学んだ陰陽道を世に広めるため、社殿の主祭神である素戔嗚尊《スサノオノミコト》と牛頭天王の本地垂迹信仰の基礎をつくった。これにより、廣峯神社は播磨の陰陽師たちが崇拝する聖地となっていったのである。神社裏手の山道沿いには、かつて御師《おし》（布教活動師）らの屋敷跡が並び、往時の繁栄が伺える。また、山道の最奥にある吉備社と荒神社の間には神霊な磐座《いわくら》がある。

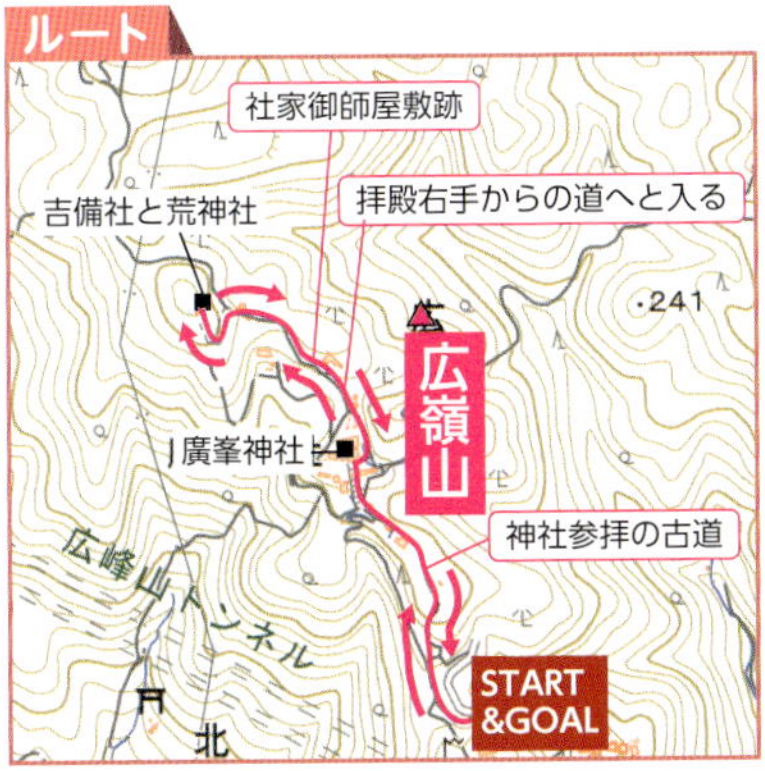

アクセス　廣峯神社駐車場まで車で移動

青龍窟

羊群原を歩く

空が近く感じる道

イギリス北部の丘のようだ

低山

貫山《ぬきさん》

国内有数のカルスト台地を歩く

93 北九州市小倉南区

コースデータ

徒歩総時間
4～5時間

楽しめる期間
通年

おすすめの季節
4～5月の新緑時期・ススキの穂が揺れる9～11月

歩行距離
約9キロ

標高
711m

魅力満喫度

立ち寄りスポット

青龍窟

全長約3kmに及ぶ平尾台最大級の鍾乳洞である。平安時代以降、この洞窟は豊玉姫《とよたまひめ》を祭神とする等覚寺の奥の院として修験道の霊場であった。窟内には、修験時代の祭壇や石仏が残されており、厳粛な空気が漂っている。また、ナウマンゾウなどの化石が出土したことでも知られている。

カルスト台地を歩く

日本三大カルスト地形を堪能する

北九州国定公園の中心地・平尾台は、日本三大カルスト地形の1つ（ほかの2つは、秋吉台と四国カルスト）であり、最も起伏に富んだ地形である。平尾台の最高峰である「貫山」から東方向への展望は、周防灘《すおうなだ》の雄大な海原と、その沿岸海上に浮かぶ北九州空港が見渡せる。また、ドリーネ（石灰穴）や鍾乳洞、白い石灰岩が点在する羊群原などが広大な草原に広がっている。

　春から初夏にかけては、カルストの草原が鮮やかな緑に覆われ、晩秋にはその緑がススキの穂に主役の座を明け渡す。さらに、降雪の冬場には黒ずんだねずみ色の石灰岩が白銀の世界に浮かび上がり、まるで霧海の中に点在する小さな島々のようにも見えてくる。吹上峠（372m）から大平山《たいへいざん》、四方台、山頂までは登坂が続く。復路は、四方台から中峠、茶ヶ床園地を経て自然観察センターへと下ろう。特に、四方台から中峠へと下る草原状の斜面は、イギリス北部の丘を歩いている気分に浸ることができる。

アクセス 九州自動車道小倉南ICから吹上峠駐車場まで車で約30分

低山

立《たち》花《ばな》山《やま》

クスノキの大原始林を歩く

94 福岡市東区・糟屋郡新宮町・久山町

コースデータ

徒歩総時間
2〜3時間

楽しめる期間
通年

おすすめの季節
クスノキの新緑時期
5〜6月

歩行距離
約3キロ

標高
367m

魅力満喫度

金印公園からの夕暮れ

クスノキの原始林

クスノキの巨樹

山城跡地

山頂からの福岡市内

立ち寄りスポット

金印公園（きんいんこうえん）

大陸や朝鮮半島からの渡来人たちは、博多湾に上陸する際、必ず立花山を視野に収めていたことだろう。そんな大陸との往来に大きく関与する場所が志賀島にある金印公園である。後漢の光武帝が奴《な》国《こく》の王に授けたとされている「漢委奴国王《かんのわのなのこくおう》」と記された金印レプリカが展示されている。

福岡市内の高速道路から見える立花山

眼下の福岡市街と沖合の壱岐島を遠望する

古来、玄界灘や博多湾を航行する船にとってのシンボル的存在であったため、交通の要衝地としての利権獲得を巡り争奪戦が繰り広げられてきた。それだけに、山頂にあった立花城は、戦国時代の山城として九州随一の規模を誇っていた。現在も石垣や古井戸が山頂部に残っており、山麓にはかつての城主・立花氏を祀る神社や寺坊がある。

玄界灘からは2峰の山のように見えるため、古くは「二神山」とも呼ばれていた。山名伝承については、伝教大師・最澄が唐から帰国した際にこの山に独鈷寺《とっこじ》を建立し、そのときに立てていたシキミの花が咲いたことに由来する説もある。山域一帯には数千本ものクスノキが自生し、樹高30mを上回るクスノキも600本ほどあり、クスノキ林としては、日本の北限である。特に、大クスは幹周り8m近く、樹高30mあり、樹齢は少なくとも300年と推定されている。山頂からは玄界灘、海の中道、博多湾、福岡市街が一望でき、条件が良ければ壱岐や沖ノ島まで眺望できる。

ルート

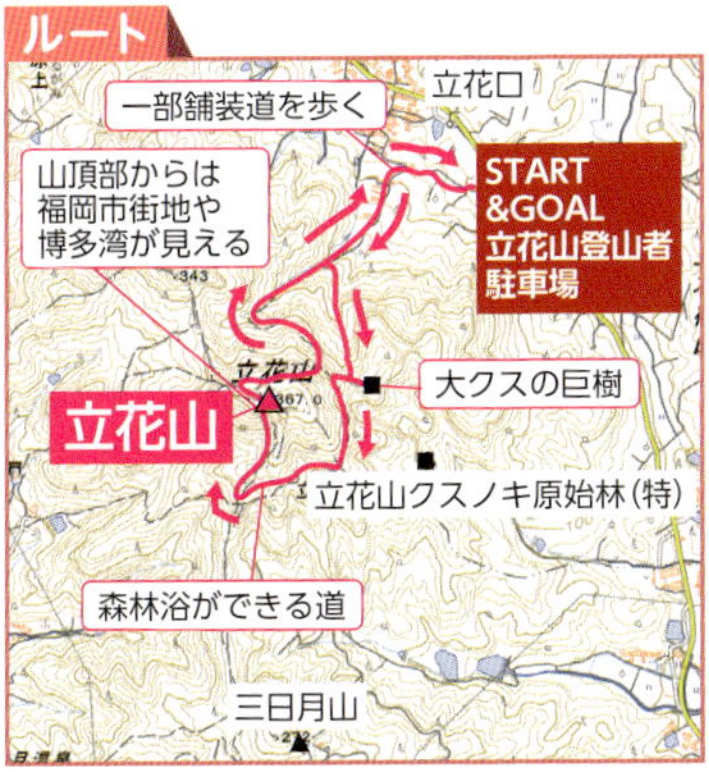

アクセス 立花山登山者駐車場まで車で移動

妙見山にあるパゴダ

蒙古山の碑・案内標識

山道入り口の標識

元横綱・白鵬の手型

山頂からの眺め

低山

蒙《もう》古《こ》山《やま》

元寇来襲の歴史を偲ぶ山

95 福岡市西区

コースデータ

徒歩総時間
1〜2時間

楽しめる期間
通年

おすすめの季節
冬の陽だまり時期

歩行距離
約4キロ

標高
158m

魅力満喫度

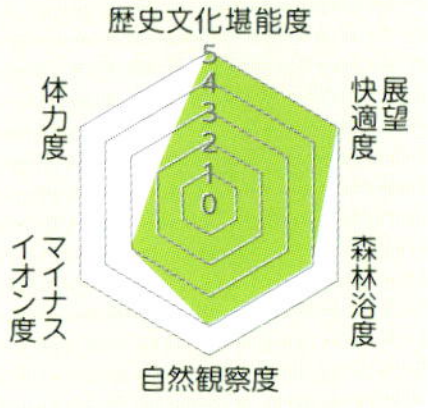

立ち寄りスポット

妙見山(みょうけんやま)にあるパゴダ

蒙古山の東隣りに妙見山がある。妙見山の山頂部にあるパゴダ(仏舎利塔)は、インドの食糧難時代にパンジャブ州へ台湾米(蓬莱米)を紹介した人物の功績を称えて、インド政府から寄与されている。その人物とは、小説家・夢野久作の息子であり、玄洋社の頭山満の右腕的存在であった杉山茂丸の孫にあたる杉山龍丸である。

山頂にある蒙古山之碑

日本とモンゴルの架け橋の山

日本で唯一の山名である「蒙古山」。この山は、福岡県の糸島半島の突端部にある。もちろん山名は、鎌倉時代に発生したモンゴル軍の襲来（元寇《げんこう》）に由来する。玄界灘を望むこの山は、狼煙台などの見張り台的役割があったのだろう。また、糸島半島周辺の海域でも多くの戦没者がいたに違いない。

近代の明治期になると、2度にわたる元寇の際に犠牲者となった両国の人々を追悼するため、地元の有志によって山上に慰霊碑が建てられた。しかし、2005年に発生した福岡県西方沖地震により倒壊したのである。その後、福岡に来ていたモンゴル人留学生が、在福岡モンゴル国名誉領事館にこのことを訴えたことをきっかけに、修復・再建への動きが始まった。日本モンゴル外交関係樹立50周年の2022年11月には、元横綱・白鵬を迎えて修復された記念石碑の除幕式が行われている。

このように、この山は日本とモンゴルの平和的な架け橋のシンボルとして蘇ったのである。

ルート

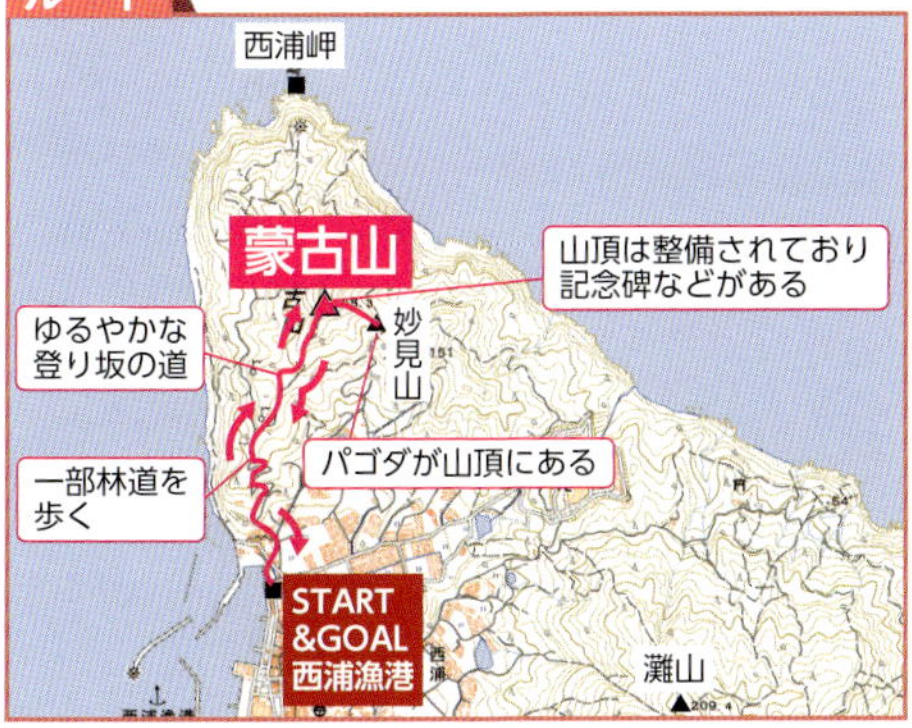

アクセス　西浦漁港駐車スペースまで車で移動

低山

立石山《たていしやま》

玄海国定公園のシンボル的景勝地

96 糸島市

コースデータ

徒歩総時間
2～3時間

楽しめる期間
通年

おすすめの季節
秋から春の陽だまり季節

歩行距離
約2キロ

標高
209m

魅力満喫度

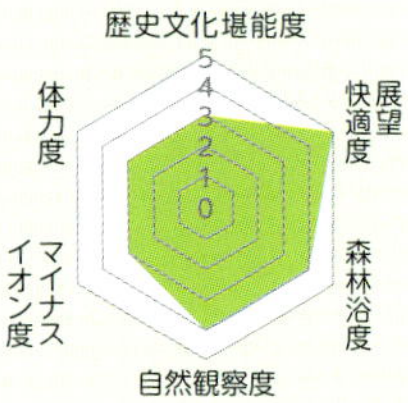

芥屋の大門

芥屋の大門方面からの立石山

山麓に点在する巨岩

山頂

山肌に露出する巨岩

立ち寄りスポット

芥屋の大門(けやのおおと)

佐賀県唐津の「七ツ釜」、兵庫県豊岡の「玄武洞」とともに「日本三大玄武洞」の1つであり、高さは64m、奥行は90m、間口は10mに及ぶ日本最大級の玄武岩洞窟である。洞窟内へは海路、芥屋漁港からの遊覧船もある。また、展望台へと続く遊歩道は、トトロの森のような幽玄さを醸し出す照葉樹林が広がっている。

山頂付近からの絶景

古代の伊都《い》国《と》に《こく》聳える海辺の山

「伊都国」は『魏志倭人伝』に記される古代国の1つである。糸島半島周辺は、この古代国・伊都国の中心地が存在したエリアである。糸島市内にある伊都国歴史博物館では、約1800年前の「平原遺跡」の出土品（青銅鏡《せいどうきょう》・瑪瑙管玉《めのうくだたま》など）も展示してある。伊都国の北西部にあたる岬の突端部にあり、玄界灘の海辺にこの山は聳えている。それだけに古代から海路移動時における目印的存在であったと推測される。地形的には花崗岩などの深成岩類が広く分布しており、山肌には露出した巨岩や奇岩が点在している。

　山頂部からは、玄界灘に突き出すようなウミガメに似た芥屋の大門の景観が広がっている。

　また、糸島富士と呼ばれる美しい山姿の可也山《かやさん》が、手の届くくらいの距離で優雅な姿を見せている。西方角には穏やかな弧を描く唐津湾も眺望でき、条件が良ければ、壱岐島の島影が玄界灘の波間の彼方に見え隠れする。

ルート

アクセス　志摩サンセットロード登山口まで車で移動

低山

天《てん》拝《ぱい》山《ざん》

菅原道真公が無実を天に拝んだ山

97 筑紫野市

コースデータ

徒歩総時間
2〜3時間
楽しめる期間
通年
おすすめの季節
4月下旬の
石楠花開花時期
歩行距離
約3キロ
標高
258m

魅力満喫度

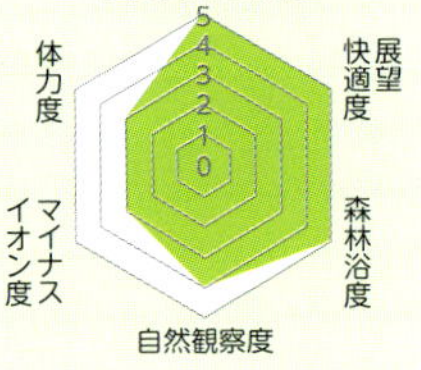

太宰府天満宮 楼門［提供：太宰府天満宮］

愉快な山道

登山口案内板

最後の登坂入り口

森の中の道

立ち寄りスポット

太宰府天満宮

菅原道真公をお祀りする全国天満宮約 12,000 社の総本宮であり、菅原道真公の御墓所として 1,100 年以上にわたり、学問の神様・厄除けの神域として崇敬されてきた場所である。昌泰 4 年（901）、京都から左遷された道真公は、太宰府の地で2年余りを過ごした後、この地で逝去された。

展望台からの福岡市内方面

菅原道真公が天を拝んだ山

藤原家との政争に敗れた菅原道真公は、太宰府に左遷され、失意のうちに亡くなる。その後、謎の出来事が京の都で続発した。道真公の左遷にかかわった人物が相次いで不可解な死を遂げたり、悪天候による作物の不作や流行病の発生など、道真公の祟りの仕業とされる流言飛語が、当時の京都怨霊伝説へと発展していく。それだけ、道真公は自らの潔白を強く信じていたのであろう。その潔白を天に訴えた場所がこの山なのである。

自身の無実を訴えるべく、麓にある紫藤の滝で身を清め、山頂で7日7夜にわたって天を拝したという伝記がある。その伝承をもとにこの山名が付けられたともいわれている。山頂部には、道真公が天を拝んだといわれる「おつま立の岩（別名・天拝岩）」がある。

山頂に至る道は整備されており、道真公の詠んだ歌碑が11基並び、「開運の道」とも呼ばれている。山頂部からは筑紫野の全景と博多湾までの大パノラマが展開している。

アクセス JR 鹿児島本線天拝山駅から登山口まで徒歩約 30 分

低山

宝《ほう》満《まん》山《ざん》

九州山岳修験道の霊山

英彦山神宮奉幣殿

山頂からの福岡市内

各所に修験道霊跡がある

切り通し

山頂の礼拝石

98 太宰府市・筑紫野市

コースデータ

徒歩総時間
4〜5時間

楽しめる期間
通年

おすすめの季節
山桜咲く3〜4月・紅葉の10〜11月

歩行距離
約5キロ

標高
829m

魅力満喫度

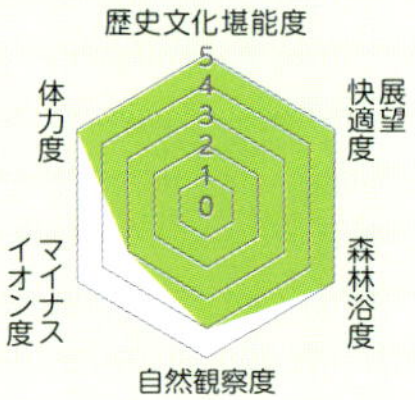

立ち寄りスポット

英彦山（ひこさん）神宮
（宝満山伏は秋峰として英彦山へと入峰した）

宝満山からは車で約90分離れた場所にあるが、ここにはぜひ立ち寄ってもらいたい。宝満山と英彦山の間にある入峰道は、697年に役行者が開いたと伝えられている。両界曼荼羅における金剛界の山が宝満山、一方の胎蔵界は英彦山とみなされている。両山は130km離れており、その間に48の宿（しゅく）が置かれていた。

山頂にある竈門神社上宮

英彦山と並ぶ九州の修験道霊域を歩く

古くは、「竈《かまど》門山」とか「御《み》笠《かさ》山」とも呼ばれたこの山は、英彦山に並ぶ九州の2大山岳修験道の聖地として崇められてきた。山域は白亜紀の花崗岩で形成されており、その影響で山腹には露岩が点在している。山頂部には鋭角の岩壁もあり、このような峻厳な山容ゆえに、修験道の行場となったのであろう。

　山麓には、大岩に刻まれた梵字、殺生禁断の石碑、百段ガンギ、山伏らの宿坊跡なども残されている。また、「羅漢道」「行者道」「天狗道」といった山伏らの汗と祈願の声が沁みこんだ古道跡もある。山頂部には、玉依姫命《たまよりひめのみこと》を主祭神とする竈門神社の上宮がある。玉依姫命の神仏習合的名称が「宝満大菩薩」であったことが、この山名の由来といわれている。

　山頂からは玄界灘、博多湾、福岡市街地、脊振山《せふりさん》、英彦山などの大パノラマが展開し、まさに天空での霊山体験を味わえるのである。

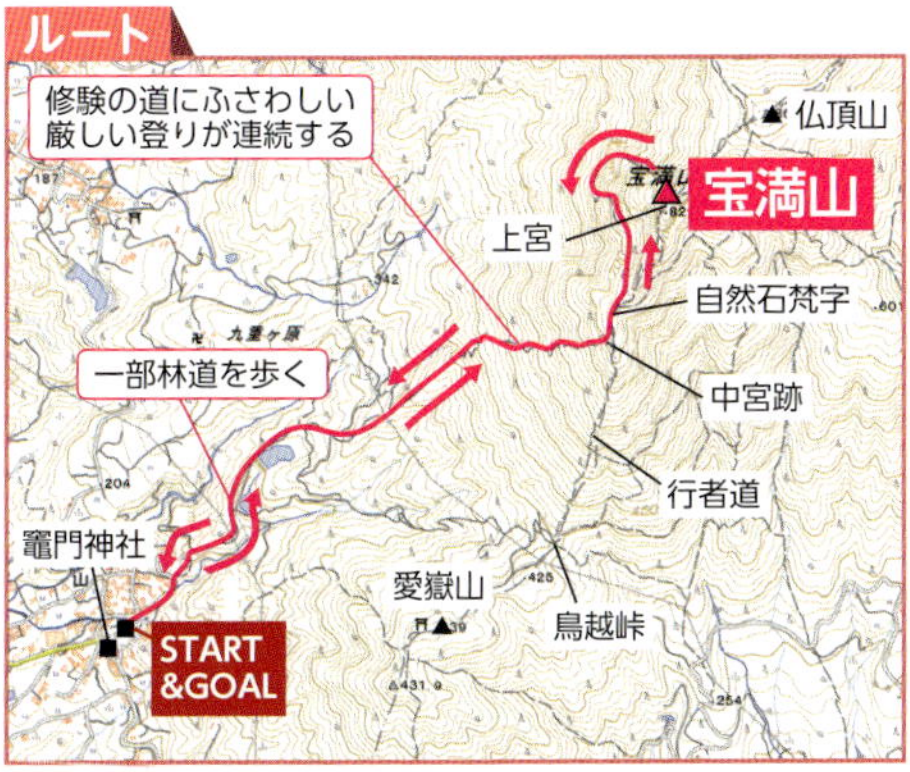

アクセス 登山口の竈門神社駐車場まで車で移動

低山＋低地

宗像《むなかた》大島《おおしま》フットパス

神宿る島にて古代の海の道を偲ぶ

宗像大社辺津宮　高宮祭場

沖津宮遥拝所

御嶽山への登り道

天の川伝説地でもある

みあれ祭にて大島を出航する船群

99 宗像市

コースデータ

徒歩総時間
2〜3時間

楽しめる期間
通年

おすすめの季節
みあれ祭（10月上旬）

歩行距離
約7キロ

標高
224m
（御嶽山）

魅力満喫度

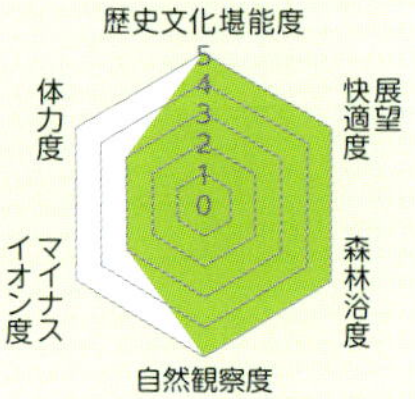

立ち寄りスポット

宗像大社辺津宮（へつぐう）

宗像大社の3つの宮のうち、唯一島ではなく内陸に立地している。宗像三女神の一柱・市杵島姫命（いちきしまひめ）を祀っている。ここでは社殿とともに、背後の宗像山へと階段を上り、辺津宮の起源となる古代祭祀の場「高宮祭場」まで巡ってもらいたい。

風車展望所から沖ノ島方向を遠望する

宗像三女神伝説に彩られた島を歩く

玄界灘に浮かぶ大島は、人口533人（令和6年12月末現在）、周囲16キロの小さな島である。そんな離島で毎年10月初めに盛大な祭祀が行われる。「みあれ祭」と呼ばれ、大漁旗を掲げた漁船が海上を疾走するパレードが圧巻である。

この祭りは、宗像大社を構成する三女神（宗像三女神）が年に一度会するため、沖津宮（沖ノ島）と中津宮（宗像大島）からご神体を船で運び、宗像三女神信仰の中心地・辺津宮で迎える。玄界灘に並ぶように2つの島と本土の宮に、それぞれ三女神が鎮座されている。これら三女神は、道主貴《みちぬしのむち》とも呼ばれ、旅や航海の安全を祈願する「道」の最高神として、古来より崇拝されてきた。荒れやすい玄界灘を渡る海人や、遣隋使・遣唐使の船団にとっても、沖ノ島や宗像大島は位置確認のうえでも大切なポイントであったはずだろう。そんな宗像大島の魅力を足で辿るフットパスである。

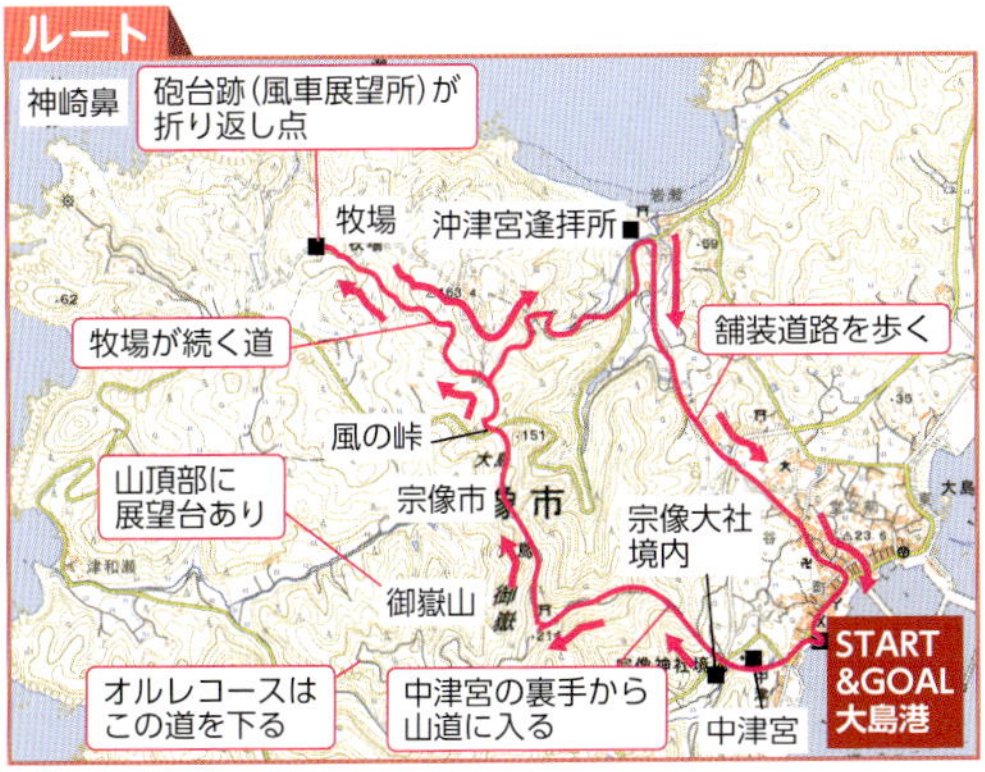

アクセス 宗像大島の大島港まで神湊港からフェリーで約25分

低山

土器山《かわらけやま》

天狗の棲む山にて修験の道を歩く

100 神埼市

コースデータ

徒歩総時間
2～3時間

楽しめる期間
通年

おすすめの季節
新緑の5～6月・
紅葉の11月

歩行距離
約3キロ

標高
430m

魅力満喫度

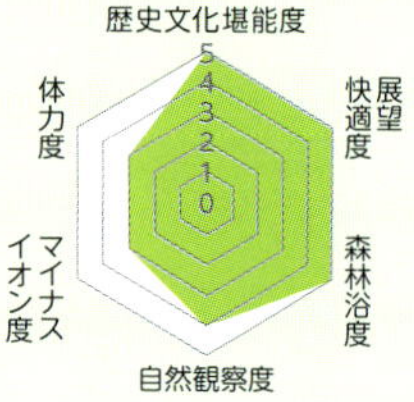

吉野ヶ里遺跡

岩に纏わりつく木の根

登山口の神社

途中の東屋

上宮・ご神体岩

立ち寄りスポット

吉野ヶ里遺跡（よしのがりいせき）

土器山から車で約10分の距離にある国の指定特別史跡である。この遺跡は、弥生時代の中心的な集落の様子を知ることができる国内最大級の遺跡である。古代の歴史を解き明かすうえで、貴重な出土品（有柄銅剣やガラス製管玉など）の数々は、国の重要文化財に指定されている。

山頂部からの大展望

怪石や奇岩が連なる肥前修験道の霊山歩き

この山は、巨岩が雲を取り込み、恵みの雨をもたらすと信じられ「雲取山」とも呼ばれていた。また、麓にある火の神を祀る八天《はってん》神社の上宮があることから「八天山」とも呼ばれていた。後に、山頂部の上宮への参拝者が土器（かわらけ）を御神体岩に納める慣わしから、現在の山名の由来となったとも伝えられている。

古来、この山は山岳信仰の霊山として山全体を御神体、上宮の巨石を磐境《いわさか》とみなされ、付近一帯は聖なる禁足地であったといわれている。平安時代末期には、丹波の国から火伏の神を勧請し、それ以降は天狗の棲む山としても尊崇対象となった。

山麓の道の各所では、花崗岩が長い年月の中で風化したままの姿をとどめており、それが霊山としての霊験深さをより感じさせる。中宮跡を抜けると、親不孝岩（天狗岩）などの奇岩群が姿を現してくる。最後に、山頂部の巨大な御神体岩とともに、下界の絶景が出迎えてくれる。

ルート

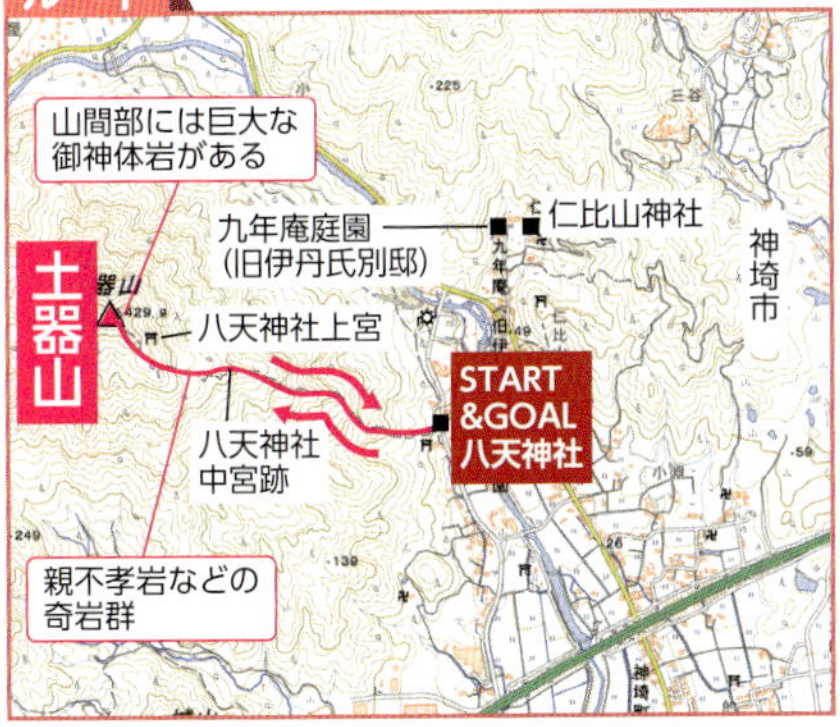

アクセス　登山口である八天神社近くの駐車スペースまで車で移動

信仰者たちが参詣のために歩いて接近するルートがつくられている。ギリシャのメテオラ修道院、韓国の伽耶山麓の海印寺、ルーマニアのブラン城（通称ドラキュラ城）、イスラエルのメギドの丘など。

そして、スペインのサンチャゴデ・コンポステーラや、スイスのハイジの里トレイル、ドイツ自然代替療法の農村歩きなどなど低地歩きも多彩である。

ドイツ農村歩き

ハイジの里を歩く（スイス）

九份の夜景（台湾）

フッカー谷（ニュージーランド）

メテオラ僧院（ギリシャ）

column

海外の低山・低地歩きの魅力

海外の低山・低地歩きは、日本以上にさまざまな行動形態が存在する。特に欧州アルプスでは、山岳交通機関の発達により、標高の高い展望台などに手軽にアクセスできるのが特徴である。展望台から下りながら山岳景観を満喫するスタイルが人気を集めている。特に高山植物が咲き誇る6～8月の夏季には、世界中から多くのハイキング客が訪れる。スイスやフランス、ドイツ、イタリア、オーストリア、スペインなどの諸国で秀麗な欧州アルプスを満喫したいものである。

「世界の屋根」と呼ばれるヒマラヤの国ネパールは、標高の高いエリアでは高山病のリスクがあるが、標高2000m台では長閑な田園風景の中から、標高7000～8000mの白銀世界が堪能できる。里の集落内にあるロッジなどに宿泊し、朝陽や夕陽に刻一刻と色彩を変化させるヒマラヤの絶景を、味わいたいものである。

また、夏のカナディアンロッキーや、冬（南半球は春）のニュージーランドアルプスなども、さほど高くない標高までトレッキングし、雲上の気分に浸ることができる。

アジアに目を向けると、ジブリ映画「千と千尋の神隠し」の舞台に似ているといわれる、台湾の九份《きゅうふん》の背後にある基隆山（588m）は、人気の低山である。また、韓国の済州島にはオルレと呼ばれる低地歩きのコースが数多く設定されており、韓国のみならずアジア諸国から歩き客が訪れている。

さらに、日本の霊場や修験地の低山と同じく、都市部に近い山域や森には、聖なる時空間を示す建築物（教会・僧院など）が建てられている。その時空間へと

アルプスハイキング（スイス）

ヒマラヤの丘（ネパール）

登山ガイド&鍼灸師としてのアドバイス

登山ガイドとしてのアドバイス

●日頃から心がけることは？

人間の筋肉は、使用しない期間が長くなると、徐々にではあるが確実にその機能が衰えていく。機能低下を防ぐためには、日頃から軽いウオーキングを継続しておくことである。歩くという行為は全身運動であるが、特に下半身の筋肉を多く使う。日頃は、事務仕事などで座位状態が続く人には、昼休みに職場周辺の散策をお勧めしたい。また、帰宅途中や買い物のときには、意識的に歩く時間を増やす工夫が必要である。

●携行したい最低限の持ち物とは

日帰りの低山・低地歩きでは、「絶対にこの装備でなければいけない」というものはない。ただし、持っていればより安心して快適に歩くことができるグッズ類がある。

（1）アウトドアに適する靴：靴底がしっかりしており、凹凸の多い山道などを歩く際、足への負担を軽減してくれる。

（2）雨具：寒い日や風の強い日などにも、防寒・防風対策として有効である。透湿性と防水を兼ね備えた素材（ゴアテックス製など）がお勧めである。

（3）水筒：こまめな水分補給は疲労抑止に効果がある。日帰りの場合には500〜700mlサイズの水筒が適している。寒い日には保温性のあるものが便利である。

（4）ザック：雨具や水筒、さらに若干の行動食などを収納できる容量20〜30ℓの背負うタイプがお勧めである。

鍼灸師としてのアドバイス

●歩く前のストレッチと食事

自然の中を歩いていて一番多いアクシデントは、捻挫や筋肉の疲労からくるトラブルである。歩く日の朝食を抜くのはもってのほかで、歩行中は少量・多数回の水分や糖分、塩分の補給にも心がけたい。筋肉への負荷を軽減するためには、歩行前に十分なストレッチを行い、筋肉繊維を柔軟にし、筋肉の温度を上げることが重要である。

●歩く前後に行うツボ療法

鍼灸治療でもよく活用する膝《ひざ》周辺のツボがある。その中でも、歩く際に特に使用頻度が高いふくらはぎの筋肉（腓腹筋やヒラメ筋など）に刺激と滋養を与える「陽陵泉《ようりょうせん》」というツボがある。位置は、膝（お皿）の外側、少し下に出っ張った骨頭（腓骨頭）のすぐ下部である。歩き始めや休憩時、そして歩き終わりなどに、このツボを３〜５分程度軽く押し揉みすることで、疲労を軽減し、より快適に歩くことができる。

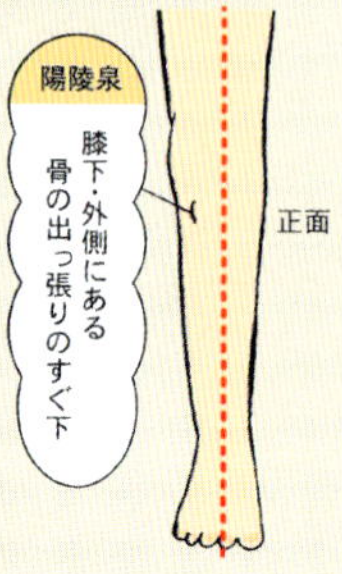

登山ガイド・鍼灸師が案内する
低山・低地歩き実践講座

この本の著者・清水正弘先生が講師を務める実践講座が定期的に開催されている。

本書に掲載された低山・低地をはじめ、日本各地の山岳エリアやフットパスコース、さらには海外でのトレッキングやフットパスなどの実践講座である。プログラムは、里地や里山をフィールドにした初心者から中級者までを対象としている。道中では、鍼灸師として日常における健康・養生に関するアドバイスを聞くこともできる。

連絡先：**marugotokenko@gmail.com（深呼吸クラブ）**もしくは、**旅行会社・たびまちゲート広島（082-543-2020）、愛媛新聞旅行（089-933-3564）**まで

● 実践講座の企画例

（1）初心者のための里地・里山歩き。本書でも紹介している低山・低地（フットパス）歩きや、駅から歩く「駅から散歩登山」など、少人数個別対応や旅行会社と連携したうえでの企画

（2）国内の国立公園内などで自然・文化・歴史探訪歩き。北は北海道から、南は沖縄・西表島まで全国34か所にある国立公園内での小旅行を兼ねた日本再発見歩きの企画

（3）国内・海外の聖地や巡礼地など、心身の癒し場を巡る企画

（4）欧州アルプス・ヒマラヤなど世界を代表する山岳地域での初心者向けトレッキング企画

スイスアルプスにて

屋久島にて

清水正弘（しみず・まさひろ）

モンゴル西部アルタイ山脈にて

兵庫県姫路市生まれ。鍼灸師と登山ガイド（日本山岳ガイド協会認定）の資格を有し、「健康」と「里山歩き」「癒し旅」のプロとして国内外での「養生プログラム」を総合プロデュースする。また、紀行作家として国内外にての紀行エッセイや写文集、フィールド調査記録映像を制作するマルチ分野での行動人。これまでの活動範囲は、地球の３大極地（ヒマラヤ・北極・南極）・モンゴル草原・タクラマカン砂漠・ニューギニアの密林などの大自然から、釈迦生誕地ルンビニ・３つの宗教聖地エルサレム・モロッコの旧市街地・マチュピチュ遺跡・スペイン巡礼街道などの宗教聖地や世界遺産群などの多分野に至っている。また世界最高峰エベレストへの遠征隊参加やキリマンジャロ峰やツブカル峰、キナバル峰の登頂から国内の低山・低地（フットパス）歩き企画など、グローカル（グローバル＆ローカル）に活動展開している。さらに健康ツーリズム研究所の代表として、自然環境下における歩行を軸とした健康促進プログラムの研究や、地方自治体と連携したヘルスツーリズムの開発・実践などのコンサルタントとしても活躍している。広島県山県郡在住。

健康ツーリズム研究所・代表、鍼灸師、元広島修道大学非常勤講師（2013～2023)、日本山岳ガイド協会認定ガイド（登山ステージⅡ)、同志社大学探検会・山岳会会員

著書：『アジアの聖地はどこかアヤしい』（青春文庫)、『旅の達人・地球を歩く』『大人の癒し旅』『イラストで歩く広島の里山・関西の里山』『里地里山を歩こう　パート１・パート２』『山辺・野辺・海辺・川辺への道』（いずれも南々社）など

中四国100低山を歩く

2025年3月10日　初版 第1刷発行

文・写真　清水 正弘
発 行 者　西元 俊典
発 行 元　有限会社 南々社
〒732-0048　広島市東区山根町 27-2
TEL 082-261-8243　FAX 082-261-8647
印刷製本所　株式会社 シナノ パブリッシング プレス

●装幀　スタジオギブ
●本文DTP　大原 剛　角屋克博
●MAP作成　岡本善弘（アルフォンス）
●イラスト　久保咲央里（デザインオフィス仔ざる貯金）
●編集　橋口 環　末廣有美

※定価はカバーに表示してあります。